세상 모든 것들의 이름짓기

세상
모든 것들의
이름 짓기

김시래 │ 김태성 │ 최희용 지음

파람북

세상 모든 것들의 이름짓기

초판 1쇄 인쇄	2024년 8월 19일
초판 1쇄 발행	2024년 8월 23일
지은이	김시래 · 김태성 · 최희용
펴낸이	정해종
펴낸곳	(주)파람북
출판등록	2018년 4월 30일 제2018-000126호
주소	경기도 회동길 480 아트팩토리엔제이에프 B동 222호
전자우편	info@parambook.co.kr
인스타그램	@param.book
페이스북	www.facebook.com/parambook/
네이버 포스트	m.post.naver.com/parambook
대표전화	031-935-4049
편집	김지환
디자인	이승욱
ISBN	979-11-7274-008-5 03320

이름은 실체를 증명하는 거울,
존재의 처음이자 끝이다

내가 사는 집은 녹번동에 있다. 홍은동 사거리에서 녹번동으로 넘어가는 길은 백련산과 북한산 사이의 가파른 고갯길로, 고개 석벽에 녹반이 나 있어 그것이 동네 이름의 유래가 되었다. 이런 생각을 하며 동네를 한 바퀴 둘러본다. '메가 커피'가 보이고 고깃집 '이차돌'이 보인다. 그 오른쪽으로 세련된 간판의 '맘스터치'와 '누구나 홀딱 반한다'는 슬로건을 줄인 '누나 홀닭'이 보인다. 온갖 가게는 저마다 이름을 내걸고 안으로 들어와 주길 바랄 것이다. 매장 벽면에 유명 모델의 얼굴이 커다랗게 박힌 굽네치킨이 요즘 주력하는 제품은 '남해마늘바사삭

치킨'이다. 이름으로 보면 남해산 마늘을 바삭하게 튀겨 올린 치킨일 것이다. 서오릉로 쪽으로 넘어가면 '유니클로'가 보이고 '코끼리주유소'가 보인다. '코끼리주유소'의 주인은 어떤 까닭으로 그런 이름을 지었을까? 주유기의 형태에서 착안했을까? '산전수전'이란 전집의 주인은 정말 인생사가 고단했을까? 주인이 보이지 않아 물어볼 수 없었다. 모든 이름에는 어떤 기원이 숨어 있다. 사람들의 눈길을 잡아끌고 고객을 불러 모으는 이름엔 어떤 특별한 공식이 없는 걸까? 이 책은 그런 실제적이고 실전적인 물음에서 시작되었다.

〈영자의 전성시대〉가 개봉된 지도 어느덧 반세기가 지났는데, 요즘은 철수나 영자로 이름 짓는 사람이 드물다. 지난 시대의, 표정 없이 저잣거리를 오가는 갑남을녀의 이름이라는 느낌이 와닿기 때문일 것이다.
이름이 인구에 회자하고 문화 콘텐츠의 면모까지 갖추려면 시대와 호흡해야 한다. 감수성을 중시하는 시대의 이름짓기는 태생이나 특성을 알리는 수단에서 대상의 이미지나 이야기를 풀어내는 스토리 콘텐츠로 진화했다. 지금은 평균주의가 사라지고 고유성을 강조하는 시대다. 이름도 평범한 것보다는 뭔가 독특한 것으로 짓고자 한다. 그러고 보니 오래되었지만 잘 지은 영화 이름 하나가 기억난다.

〈늑대와 함께 춤을〉은 1990년 케빈 코스트너가 제작, 연출, 주연을 맡았던 영화다. 인디언들과 함께 살게 된 주인공 던바 중위는 인디언식 이름인 '늑대와 함께 춤을'을 얻는다. 충직하고 용맹한 인디언 동료들의 이름은 각각 '주먹 쥐고 일어서' '발로 차는 새' '머릿속의 바람'이다. 영화를 보면 알 것이다. 그들의 이름은 그들이 지닌 개별적 성향과 고유한 존재감을 고스란히 드러낸다. 이름에는 탄생의 역사가 들어 있다.

작명법의 기본은 만든 사람이나 태어난 지역의 이름을 그대로 쓰는 것이다. '순창고추장'은 지역명을, '태양초고추장'은 원료를 따서 지은 경우다. 속초 청초호에 붙어 있는 카페, '칠성 조선소'는 카페로 개조하기 전 조선소 이름을 따온 경우다. 한 발 더 나가면 그 지역의 역사적 배경이나 전해오는 사연을 이름에 풀어 넣기도 한다.

'역삼동'은 연락병과 함께 말이 쉬던 곳으로 '말죽거리' '역말' '방아다리' 세 마을이 합쳐진 이름이다. 무당집처럼 꾸며서 유명해진 칵테일바 '주신당'이 있는 신당동은 역병이나 전쟁으로 죽어 나가는 시신의 영혼을 달래는 신당이 모여 있는 곳이었다. 술집이니 굳이 한자로 표기한다면 '주신당酒神堂'쯤 될 것이다.

양양 서퍼스 비치를 지나 속초 숙소로 돌아오는 정암해변 근처, 한 펜션이 눈에 들어왔다. 건물의 이마에 굵은 흘림체로 '바라던바다'라고 새겨 있다. 꽤나 공들인 이름이다. 고단한 일상에 휴식과 위안을 주는 건 누구에게나 '바라던 바'이고, 바다가 곁에 있으니 '바라던 바다'가 맞다. 이름은 지명도나 선호도뿐 아니라 제품의 판매에 결정적 영향을 미친다. 업소의 상호도 물론 마찬가지다. 하지만 이름의 기능이 마케팅에만 국한되지는 않는다. 시인 윤제림은 아들의 이름을 간판으로 내거는 엄마들의 모성을 「재춘이네」라는 시에 담았다. "재춘이 엄마가 이 바닷가에 조개구이집을 낼 때/생각이 모자라서, 그보다 더 멋진 이름이 없어서/그냥 '재춘이네'라는 간판을 단 것은 아니다/재춘이 엄마뿐이 아니다/보아라, 저/갑수네, 병섭이네, 상규네, 병호네……."

이름에는 스토리가 담기기도 한다. 제주도 애월읍의 한 아담한 책방의 이름은 '소리소문小里小文'이다. 책을 좋아하는 주인이 골라 놓은 책들이 조용한 공간에서 그야말로 소리소문

없이 독자를 맞는다. 숫기 없는 주인과 소박한 동네와 책방의 이름이 기막히게 어울린다. 이야기를 술로 옮겨 보자. 위스키 '몽키숄더Monkey Shoulder'는 단지 제조사나 지명의 이름이 아니다. 술 만들 때 술 담그던 사람이 고개와 어깨를 수그리고 삽으로 보리를 섞다 생긴 고질병 때문에 원숭이처럼 어깨와 팔이 아래쪽으로 처진 모양에서 비롯된 이름이다. 이 위스키를 글렌캐런 잔에 따라 입에 적시면 어깨가 상해 버린 장인의 애환이 알싸하게 코끝에서 온몸으로 퍼진다.

뭐든 재미있지 않으면 안 되는 세상이 도래했다. 경제 성장과 디지털 콘텐츠 확산의 영향일 것이다. 네일숍의 이름을 보자. 하나는 '춘천댁 네일', 다른 한 곳은 '네일이나 신경 써'다. 전자는 소비자가 네일숍의 상호임을 단번에 이해할 수 있지만, 후자에 비해 소비자의 호기심을 자극하기에는 부족하다. 후자는 네일숍의 상호임을 쉽게 연상할 수도 있으며, 나아가 톡톡 튀는 창의적인 이름으로 소비자의 궁금증을 유발하며 강한 인상을 남긴다.

음식이 관광 콘텐츠를 주도하는 세상이 왔다. 어딜 가든 사진을 찍어서 자신의 소셜 미디어에 올리는 것이 일상이 되었다. '용용선생'은 중식 요리를 메인으로 한 요리주점이다. '용용선생'은 "드래곤 가문에서 태어난 용용이 삼 형제가 가문 대대로 내려져 오는 비법을 통해 그들만의 무릉도원을 개점하다"라는 콘셉트로, '용' 캐릭터를 중심으로 이야기를 풀어냈다. 중화요리에서 가장 중요한 요소인 '불'을 다루는 캐릭터가 용龍이기 때문이다. 1, 2, 3대의 용들은 각각 자신만의 전문 분야가 있다. 첫째 운룡이는 메인 셰프로서 요리를 담당하며, 둘째 주룡이의 전공은 바텐더로 바이주를 활용한 칵테일 주조에 능하고. 막내인 마룡이의 경우 펑키 재즈 마스터로 매장의 트렌디한 분위기를 무기로 스토리텔링을 한다. '용용선생'이라는 가게명은 흥미로운 언어적 이미지와 시각적 디자인으로 홍콩 주점을 연상하게 한다. 소비자에게 주점 콘셉트를 이름과 연관 지어 재치 있는 스토리텔링으로 요즘 가장 인기 있는 중식 주점이 되었다.

'호식이두마리치킨'은 업계 최초로 치킨 한 마리 가격으로 두 마리 치킨을 제공한다는 명목으로 소비자 시장에 나와 돈이 없는 학생들에게 인기를 끌었다. 학생들이 치킨을 시켜 먹을 때 제일 많이 이용하는 가게다. '호식이'라는 이름이 업소의 특성과 겉돌지 않고 찰싹 달라붙는다.

노원 공릉동 '만두장성'은 이름만으로도 만두가 크고 양도 많을 것 같은 느낌을 받는다. 만두 6개에 5,000원밖에 하지 않으니 실제로도 그렇다. 소비자의 예감을 배반하지 않았다.

가볍고 부담 없는 이름들이 뜨고 있다. 의정부 미용실 '까까보까'는 '깎아볼까'라는 말을 소리 나는 대로 표기했지만, '깍다'와 '복다(퍼머넌트)'라는 미용의 두 이미지를 내세운 재미있는 이름이다. 입말(발음) 자체의 재미도 느껴진다. 대구 동성로에서 시작한 테이크아웃 전문 카페 'MASIGRAY'는 '마셔라'라는 뜻의 경상도 사투리 '마시그레이'를 영어로 표기한 브랜드다. 싼 가격과 독특한 이름 덕분인지 서울에도 여러 지점이 생겼다. 학동역 근처 수제 도시락 전문점 '꼬륵'은 배가 고플 때마다 자연스럽게 연상되는 이름이다. 굳이 '배가 고프면 오세요'라는 말을 붙일 필요는 없겠다. 집밥보다 살짝 더 조미료가 들어간 맛이 난다. '우레카'는 '牛(소)'와 유레카를 합친 이름의 소고기 전문 식당이다. 강원대학교 근처에 있는데 행인의 눈길을 끌 만한 이름이다. 당신이 이 식당을 발견한 일이야말로 '유레카!' 아니겠냐는 암시를 은근히 전달하기도 한다.

이름이 거리로 나서면 도시의 심미적 감수성을 대변하는 사인 Sign 물이 된다. 춘천 퇴계동의 쭈꾸미집 이름은 '쭈꾸박스'다.

동전만 집어넣으면 음악이 터져나오는 '주크박스jukebox'를 차용해 즐거움과 함께, 박스에 '통째로'의 의미를 담아 푸짐하다는 느낌을 주려는 의도인지 모르지만, 미소가 절로 지어질 만큼 유쾌하게 기억되는 이름이다.

'이름짓기'는 대상의 고유성을 특정하고 확산해 가는 마케팅 활동이자, 그것을 통해 소통하고 향유하는 문화 콘텐츠의 창작 행위다. 그러나 잘되는 집에 숟가락 하나 얹어 단기간에 치고 빠지겠다는 얄팍한 상술이 깃든 작명은 안타깝다. 이태원의 '경리단길'이 뜨자 경주엔 '황리단길'이 생겼고 망원동엔 '망리단길'이, 석촌호수엔 '송리단길'이, 수원 영통에 '영리단길'이 생겼다. 점점 개성은 사라지고 아파트 동·호수처럼 경계를 나눈 식별기호로 전락하고 말았다. 신사동 '가로수길'과 관악구 '샤로수길'도 마찬가지다. 젠트리피케이션 현상으로 경리단길이 이미 오래전에 사그라진 것처럼 '가로수길'이 '뒤로수길' '뒤뒤로수길'에 밀려 쇠락 중이라는 소식도 들린다. 한술 더 떠 툭하면 도시를 브랜딩한다며 바꿔 버리는 슬로건이나 캐릭터도 마찬가지다. 돈과 수고를 바쳐 빌딩과 다리에 우후죽순으로 들어선 현수막은 주인이 바뀌면 사람들의 애정을 확인할 겨를도 없이 거리에서 철거된다.

오래 봐야 사랑스러운 것이 들꽃만은 아니다. 이름도 마찬가지다. 명성은 고목의 나이테 같은 시간의 훈장이다. 당신의 이름처럼 말이다. 이름을 두고 장난치지 말라는 말이 괜한 말은 아니다.

이름은 주인의 운명과 함께 태어나고 사라진다. 얼마 전까지 북한산을 좌우로 끼고 있는 녹번동 대로변엔 '비퍼플'이란 작은 식당이 있었다. 브런치로 먹는 샌드위치는 커피를 포함해서 1만 원 안쪽이고 수제 와플과 스튜는 맛이 무겁지 않아 좋았다. 무엇보다 반려견과 함께 입장해서 편안한 시간을 보낼 수 있었다. 널찍하게 배치된 탁자와 소파 사이로 네 살짜리 포메라니안 '달구'는 분주하게 뛰어놀았다. 보라색 간판이 특이했던 이곳은 집에서 슬슬 걸어 나가 스마트폰을 뒤적거리거나 책을 보며 시간을 보내기에 좋은 곳이었다. 아뿔싸, 그 식당에 폐업을 알리는 문구가 나붙었다. 코로나의 풍파가 버거웠던 것일까. 지금 이 거리에 치킨집이나 햄버거 가게, 편의점 등 거대자본들의 규격화된 대형 체인 점포가 줄줄이 들어서는 중이다. 거리는 반듯하고 깔끔해지고 있다. 사람들은 줄을 서서 메뉴판의 세트 메뉴를 골라 가로세로 반듯하게 배치된 플라스틱 의자에 앉아 간편식으로 소비 생활을 편리하게 즐긴다. 하지만 삼시 세끼는 음식으로 배를 채워 몸의 작동을 돕는 에너지를 얻는 일만은 아니다. 그것은 개성을 드러내고 행복을 향유하는 일상의 의식이기도 하다. 코로나로 신음하는 골목상권을 밀어내며 표준화된 음식문화로 거리를 장악해 들어오는 대형자본의 기세가 등등하다.

이름의 위력은 디지털과 축약의 시대를 맞아 더욱더 기세등등하다. ID 이름짓기는 MZ세대에서 단연 화제다. 최근 인터넷 커뮤니티에서는 '인스타그램 아이디 지어드립니다' '힙한 인스타그램 아이디 짓는 방법' '잘 지은 인스타그램 아이디'라는 게시글을 종종 발견할 수 있다. 게시글에 유명인이 아닌 일반인이 적잖이 반응한다는 사실이 놀랍다. 이는 MZ세대가 네이밍에 진심이라는 증거다. 또한 커뮤니티에는 연예인의 인스타그램 아이디에 관해 이야기하는 게시글도 인기가 있다. 연예인의 인스타그램 아이디에 관한 온라인 품평회인 셈이다. 방탄소년단 정국의 인스타그램 아이디는 'abcdefghi＿＿lmnopqrstuvwxyz'다. 알파벳을 순서대로 적지만 본인 이름의 이니셜인 'JK'를 뺀 나머지를 나열해서 재치 있게 표현했다. 창의적인 인스타그램 아이디가 전 세계 공식 계정들과 매체의 관심을 한 몸에 받은 가운데 맥도날드가 공식 트위터 사용자 이름을 정국의 아이디를 연상케 하듯 바꾸어 화제를 모았다. 맥도날드는 알파벳 m,c,d(McD)를 빼고 'ab__efghijkl_nopqrstuvwxyz'로 트위터 이름을 바꿨다. 이후 맥도날드의 트위터에 미국 유명 브랜드들이 '언더바(_)'를 사용한 다양한 댓글을 남기기도 했다. 이를 본 소비자들은 정국 표기법에 발 빠르게 반응하면서 마케팅을 시도하는 기업들에 호감을 나타내며, '정국 인스타그램 아이디, 전 세계 트렌드 선도'와 같은 반응을 보였다.

아이돌 그룹 르세라핌은 애너그램을 활용한 작명으로 센스 있다는 평가를 받기도 했다. 네이밍에 진심인 MZ세대는 브랜드를 대할 때도 마찬가지 태도를 보인다. 신선한 이름만으로 화제가 되어 MZ세대 사이에서 입소문을 타거나, 매출이 급상승하는 일이 늘어나고 있다. 뒤에서 자세히 다룰 것이다.

'말리면 시래기 버리면 쓰레기', 이름 세 글자로 광고 공모전에 나가 수상한 이력으로 밥벌이하며 광고 인생에 접어든 지 35년이 흘렀다. 이름의 주인들은 어떤 발상으로 이름을 짓게 된 걸까? 이 책은 입에서 입으로 옮겨 다니고 거리의 간판으로 맹활약 중인 세상의 모든 이름을 다루고 있다. 이름은 역사적 유물이고 마케팅의 현장이며 문화 콘텐츠의 얼굴이다. 이름은 실체를 증명하는 거울이자, 정체성의 엑기스다. 또한 존재의 처음이자 끝이다.

차례

I

잘 지은 이름의 조건

좋은 이름을 지으려면
먼저 해당 사물이나 개념의 본질적 가치를 파악해야 한다.
이름 안에 대상의 특징이나 개념의 핵심적 가치를
나타내야 하기 때문이다.

텅 빈 교회에선
인간의 영혼을 구할 수 없다

르네 마그리트는 「단어와 이미지」라는 논문을 통해 "대상은 그 이름이나 이미지가 갖는 똑같은 기능을 결코 완성하지 못한다"라고 했다. 대상을 지칭하는 명칭은 사실 약속에 불과해서 무엇이나 가능하다. 사물에는 나름의 이름이 있지만, 그보다 더 적합한 이름을 찾을 수는 없다. 특정 대상을 지칭하는 이름에 관한 한 모든 가능성은 열려 있다. 이름은 소비자가 가장 먼저 접하는 시각적, 청각적 요소다. 우리는 모두 이름에 어떤 의미를 담으려는 동시에 소비자들의 머리에 꽂히는 '인상적 이름'을 지으려고 애쓴다. '좋은 이름'이라고 생각되는 예시를 살펴보고, 그것들이 왜 다시 떠오르는지 분석하면 작명의 가이드가 될 것이다.

업무상 일면식 없는 사람과 만나면 성명부터 먼저 주고받는다. 그러니까 이름은 최초의 브랜드인 셈이다. 모든 것은 이름을 통해 의미를 부여받고 정체성을 갖는다. 사람의 이름처럼 말이다. 모두 똑같은 인간이지만, 모두 다른 개성을 지녔다. 사람의 이름은 각각을 구별해 주는 중요한 기호로써 존재한다. 이름은 대상을 대표하고 규정짓는 명칭을 말한다. 마케팅 측면에서 보면 상품, 회사, 도서, 영화 등의 장점을 드러내거나 부각하는 데 쓰이고, 이때 사용되는 언어로는 인물이나 동식물, 지명, 감탄사, 형용사, 여러 분야의 용어 등 다양하다. 이름으로 대상의 이미지가 정해지고 인지도와 가치가 높아지기도 하며, 소비자의 각인에도 영향을 준다.

마케팅하는 사람들이 흔히 말하는 브랜드Brand란 사업자가 자기 상품에 대해, 경쟁업체의 것과 구별하기 위해 사용하는 기호, 문자, 도형 같은 일정한 표식이다. 브랜드 명Brand Name은 다른 것과 구별하기 위해 제품, 서비스, 사물, 단체 등에 붙여서 부르는 말이다. 소비자는 소비에 앞서 '브랜드 네임'을 먼저 본다. 브랜드 네이밍은 고객이 해당 브랜드를 인식하고 기억할 수 있게 도와준다. 간결하고 의미 있는 브랜드 이름은 고객에게 브랜드의 가치를 전달해 관심을 끌고 기억에 남긴다.

이름은 대상과 고객 간의 첫 번째 접점이며, 고객이 브랜드를 인식하는 방식에 큰 영향을 미칠 수 있는 잠재력이 있다. 기억에 남고 고유한 이름을 잘 지으면 경쟁이 치열한 시장에서 브랜드를 돋보이게 해 고객이 브랜드와 제품을 더 쉽게 기억할 수 있다. 또한 브랜드 이름은 고객과 정서적 유대감을 형성해서 브랜드 충성도와 신뢰를 구축할 수도 있으며, 브랜드의 개성이나 비전이 포함된 가치를 고객에게 전달한다. 시장에서 경쟁력을 강화하는 데 결정적 역할을 한다.

독특하고 기억에 남는 브랜드 이름은 경쟁사와 차별화를 꾀하고, 고객의 관심을 끌어 경쟁력을 높인다. 적절한 브랜드 이름은 제품이나 서비스의 범위를 확장할 때도 일관성을 유지하고, 브랜드의 강점과 이미지를 유지할 수 있게 도와주기도 한다. 잘 지어진 브랜드 이름은 소비자들에게 브랜드의 신뢰성을 제공하며, 브랜드에 대한 충성도를 높일 수 있다. 이처럼 브랜드 명은 고객 인식, 브랜드의 가치와 이미지 구축, 시장에서의 경쟁력 강화, 브랜드 확장 및 다양화, 소비자의 신뢰와 충성도 등 다양한 측면에서 중요한 역할을 한다.

요약해 보자. 브랜드 이름은 브랜드의 마케팅 및 홍보 활동에서 핵심적 역할을 수행하며, 소비자들이 브랜드를 기억하고 찾아내는 데도 큰 영향을 미친다. 따라서 브랜드 네이밍은 성공적인 브랜딩 전략의 핵심이다.

마케팅은 트렌드의 바람을 타고 날아오르는 서브 시스템이다. 세상이 어디로 향하는지 고개를 돌려 보자. '평균 실종'의 시대가 도래했다. 모두 좋아할 만한 것보다는 비주류라고 하더라도 자신이 좋아하는 것을 찾기 시작했다. 어중간하면 별 볼일 없어진다는 뜻이다. 사실 내 것임에도 남이 더 많이 쓰는 게 이름이다. 이름과 명칭은 자신보다 남들에게 더욱더 많이 불리고 사용된다. 따라서 어떤 이름이 좋은 이름인지에 대한 평가 역시, 나보다는 남에게 달려 있다. 과거에는 대중이 좋아할 만한 이름을 사용하면, 전부는 아니더라도 대다수가 긍정적으로 평가했다. 하지만 이제는 평균 실종이 진행되면서 개개인 모두의 평가 기준을 충족할 만한 이름을 떠올리기 어려워졌다. 어떤 이름이 누군가에게는 좋은 이름일지 몰라도, 누군가에게는 매력적이지 않을 수도 있다.

이름짓기도 달라졌다. 제품의 기능이나 속성에 매력적이고 특별해서 새로운 무언가를 더해 줘야 한다. 좋은 이름은 첫째 유니크해서 다른 것과 구별되어야 하며, 둘째 대상의 근본적인 의미와 가치를 담아야 한다. 좋은 이름은 무엇보다 '본질을 품은 유니크함'이 기본이다. 하지만 그것만으로 좋은 이름이 완성되지는 않는다. 시대의 흐름에 따라 몇 가지 추가해야 할 요소가 있다. 바로 재미와 스토리텔링이다.

좋은 이름을 지으려면 먼저 해당 사물이나 개념의 본질적 가치를 파악해야 한다. 이름 안에 대상의 특징이나 개념의 핵심적 가치를 나타내야 하기 때문이다. '커피잔'이라는 사물의 본질은 '잔'이며, 잔에 담을 내용물인 커피를 붙여 '커피를 담는 잔'이라는 사물의 특성이 드러난다. 이름을 지을 때도 해당 사물이나 개념의 본질을 파악하고, 거기에 덧붙여진 의미를 반영해야 한다. 이름을 통해 해당 사물이나 개념을 명확하게 이해하고, 구별하고, 기억하게 하기 위해서다.

고급스러움과 고전미를 강조하는 레스토랑의 이름이 '클래식, 탁'이라면 그 의미와 가치를 잘 전할 수 있다. 기억하기 쉬운 이름은 고객이 온·오프라인에서 브랜드를 찾고 입소문 마케팅을 촉진하는 데 도움이 된다. 또한 강력한 브랜드 이름은 브랜드가 온라인에서 확고한 입지를 구축하고, 브랜드 인지도를 높이는 데도 도움이 된다.

'김혜자도시락'은 배우 김혜자와 협업으로 개발한 도시락이다. 자신의 이름을 그대로 사용해 제품 이름을 만들었다. 이로 인해 배우 김혜자를 좋아하는 팬들이 구매와 홍보를 주도할 수 있었으며, 배우 김혜자의 이미지대로 인심과 애정을 도시락에 많이 담았다는 점이 강조되어 소비자에게 긍정적인 평가를 받았다. '혜자롭다'라는 신조어까지 만들어지면서 배우 김혜자는 전보다 더 큰 인기를 얻고 젊은 세대 사이에서 인지도가 높아졌다. 이처럼 제품이나 서비스에 대한 특징을 브랜드 네임으로 만들어서 시장에 진출해 소비자들에게 쉽게 기억되는 형태의 업소나 브랜드를 많이 볼 수 있다. 브랜드 네임이 제품과 관련된 이름이면 소비자들은 이름만으로도 브랜드의 정체성을 파악할 수 있어, 해당 제품에 쉽게 접근하고 소비할 확률이 높아질 것이다.

한국 사람들이 잘 아는 과자 '누네띠네'는 유명한 이탈리아 페이스트리 디저트이며 정식 명칭은 '스폴리아티네 글라사테'다. SPC삼립은 1992년에 이 과자 브랜드를 개발할 때, 발음하기도 외우기도 어려운 제품명을 부르기 쉽게 '누네띠네'로 정해 판매하기 시작했다. 이후 한국에서는 어떤 브랜드를 막론하고 '스폴리아티네 글라사테'를 '누네띠네'라고 바꿔서 판매했고, 대부분 소비자도 이 과자를 '누네띠네'라고 부르게 되었다. 또 다른 사례는 '나마네NAMANE카드'다. '나마네카드'는 카드 커스텀 서비스를 제공하는 플랫폼이다. 가장 특별한 것은 자신이 원하는 이미지나 문구를 넣어 카드 앞면을 소비자가 원하는 대로 디자인할 수 있다는 점이다. 다시 말해 '나만의 카드'를 완성하는 것이다. 그렇다면 재미있고 다양한 스토리 전개가 가능한 이름을 만들 수 있는 조건으로는 어떤 것이 있을까.

적절한 관련성을 확보할 것

제품의 이름은 제품의 정보다. 브랜드 네임은 제품을 직관적으로 설명할 수 있어야 한다. 간판에 '헤어'라는 단어가 들어가면 미용실, 두부라는 단어가 들어가면 두부 음식 전문점일 것이다. 유명 브랜드 네임을 응용할 수도 있다. '보용만두'와 '보영만두'가 그 예다. 먼저 시작한 만둣집 이름을 따라 하면서 자동으로 그 집과 유사한 정보와 이미지를 전달한다. 일종의 후광 효과다. 단 제품의 질에서 상당한 차이가 느껴진다면

과도하고 치졸한 상업성이라는 비난을 면하기 어렵다.

제품이나 서비스와 연관된 단어를 조합해 만든 이름은 여러 면에서 효과적이다. 사람들이 서비스를 검색할 때 연관 검색어가 추천 검색어로 노출될 가능성도 있고, 연상작용으로 기억하기도 쉽다. '카누KANU' 하면 커피, '쥬씨JUICY'나 '쥬스식스JUICESIX' 하면 주스 음료 카테고리를 쉽게 떠올린다.

자신의 아이덴티티를 확립하기 위해 브랜드 로고를 담은 폰트를 개발해 출시하기도 하는데, '나마네 카드'의 '나마네 폰트'가 그 예다. 이처럼 자신의 개성을 드러내는 브랜드는 MZ세대에게 큰 인기를 얻었다. '디에이성형외과의원'은 '예쁘면 DA야!'라는 카피를 전면에 내세웠는데, 예전에 인기가 많던 유행어를 사용함으로써 소비자들에게 널리 알려졌다. 또한 자신의 브랜드 명을 끼워 넣음으로써 서비스와 브랜드 명 둘 다 소비자들에게 널리 알 수 있는 일석이조의 효과를 거두었다. 드라마나 영화의 제목으로 속담을 응용하거나, 내용을 암시하는 짧은 문장이나 대사 또는 상징적 단어를 사용해 제목을 짓는 경우가 눈에 띈다.

〈꽃보다 남자〉는 '금강산도 식후경'에 해당하는 일본 속담 '꽃보다 단고花より団子'의 '団子(경단)'를 같은 발음의 '男子'로 대

체해서 만든 드라마 제목이다. 영화 속 내용을 암시하면서도 대사에 자주 등장하는 'Home alone'을 제목으로 택한 영화 〈나 홀로 집에〉가 있다. 이름 속에서 제품이나 서비스 특성이 나타나야 사람들은 쉽게 이해하고 기억한다. 과자나 음료의 경우는 오징어와 땅콩이 들어가면 '오징어 땅콩', 힘을 주는 이온 음료 '파워에이드'처럼 말이다. 또 영화나 드라마 제목 같은 곳에서도 이를 잘 나타내 주는데, 터널이 붕괴하는 재난을 소재로 한 영화 〈터널〉, 사내 로맨스가 상상되는 웹 소설 원작 드라마 〈김비서가 왜 그럴까〉 등이 있다. 이런 콘텐츠에서는 소재나 주인공, 결말에 대한 복선을 제목으로 만들기도 한다. 이름에 특성을 의도적으로 숨기고 그 뜻을 알 듯 말 듯하게 지은 경우도 있다. 검색 사이트인 구글Google의 어원을 보면 영어로 10의 100제곱이라는 숫자를 가리키는 'googol'을 변형해 지어서 '세상의 모든 정보를 방대한 인터넷에 담아내겠다'라는 의도를 드러낸다. 또한 네이버Naver는 '항해하다'는 뜻의 'Navigate'와 '~하는 사람'의 뜻을 가진 접미사 '-er'이 만나 만들어진 이름이다. 그래서 '정보의 바다라고 일컫는 인터넷을 항해하는 사람'을 나타낸다.

동음이의어와 특징 있는 캐릭터를 사용한 브랜드 네임이 특히 연상하기 쉽다. 음식점 '샵샵'은 샤브샤브를 빨리 발음한 것을 의미하는 동시에 해시태그를 의미하는 '#'을 떠올리게 한다. 디저트 카페 '파란만잔'은 굳이 설명하지 않아도 파란만장했던 당신의 하루를 달콤하고 행복하게 위로한다는 의미를 떠올리게 한다. 노량진에 있는 '영계소문'은 누가 봐도 통닭집이다. 소문날 만한 이름이다. 같은 지역에 있는 '노량해전'은 센스 있는 사람에겐 노량진이라는 지역과 횟집이라는 업종을 동시에 연상하게 한다. 제주도 애월의 '회가 서쪽에서 뜨겠네'는 제주도 서쪽 어딘가에 있는 횟집이고, 인천의 '오늘 우리 집비어'는 당연히 맥줏집이며, 속초의 '게섯거라'는 게 요리 전문점이다. 프랜차이즈 '청년대게'도 마찬가지다.

'카페 부르르'처럼 이중의 의미를 내포한 단어나 연음법칙을 사용하는 방법도 있다. 뷰티&헬스 스토어 체인인 '올리브영 Olive Young'은 'All live Young'이라는 뜻이며, 온라인 쇼핑몰 'SSG'는 은연중에 배송 속도가 빠르다는 의미를 전달하고 있

다. 이런 다중의 의미를 지닌 브랜드는 이름을 이용해서 다양
한 마케팅 활동을 펼칠 수 있다.

강렬한 개성미를 갖출 것

세상에는 너무도 다양한 음식점, 카페, 미용실, 편집숍 등이
존재한다. 이들 중 사람들에게 기억되고, 카테고리 안에서 가
장 먼저 떠올릴 정도로 성공하려면 무엇보다 독특해야 한다.
간판에 사용되는 폰트, 글자 배열, 색감 같은 디자인적 요소는
요즘 트렌드 측면에서 필수적이다. 흔히 사용하지 않는 단어
를 브랜드 네임에 사용했을 때, 색다름과 신선함은 사람들을
자극하기에 충분하다. 대학로 주점 '마님은 왜 돌쇠에게만 술
을 주시나?'라는 이름을 보라.

잘 지은 브랜드 네임은 소비자에게 얼마나 빨리 기억되고 오
래 남는가에 달려 있다. 오랜 시간이 지나도 어렴풋하게 기억
을 떠올리게 할 수 있고, 기발한 아이디어로 간판을 한 번 더
보게 하는 요소를 갖춰야 한다. 너무 설명적인 브랜드 네임은
느낌 자체가 새롭지 않기 때문에, 흔해 빠진 무언가로 치부될
확률이 높다. 특별한 브랜드 네임은 그것이 지닌 의미와 제품

의 관계를 깊이 생각하게 하고 반복해 머릿속에 집어넣는 과정으로 이어져 우리 기억 속에 강렬하게 남는다.

이국적이고 독특한 이미지를 나타내고 싶은 경우를 생각해 보자. 이때는 프랑스어나 독일어 같은 외국어를 사용하기도 한다. 미용실 '위위아뜰리에', 베이커리 '뚜레쥬르', '패맹베이커리' 등이 그 사례다. 먼저 청담동에 있는 '위위아뜰리에'는 아이돌을 비롯해 많은 연예인이 이용하는 미용실이다. 프랑스어 위oui는 영어의 'yes'에 해당하며 아틀리에atelier는 '예술가의 작업실이나 공방'이라는 뜻으로, 고급스러운 이미지를 주면서 기술적인 면에서도 실력 있는 미용실이라는 이미지를 심었다. '뚜레쥬르'는 한국의 베이커리 프랜차이즈로 전국 곳곳에 매장이 있는데, 전반적으로 프리미엄 이미지를 가지고 있다. 또 2004년부터 미국을 시작으로 현재는 중국, 베트남 등 세계 각지에 진출하고 있다. 베이커리 하면 프랑스라는 이미지 대표성에 착안해 브랜드 명을 프랑스어로 작명함으로써 빵을 잘하는 가게의 이미지를 소비자에게 심으며, 시장 1위를 목표로 인지도와 신뢰를 쌓아 가고 있다.

제품을 부각한 브랜드 명이 브랜드 매출에 큰 영향을 주는 사례도 있었다. '한돌참치'나 '푸하하크림빵'의 경우 가게의 특징을 제품명과 합쳐서 만든 경우다. 이러한 이름은 고급스럽고 품격 있는 브랜드 명과 달리 전문적이면서 친근한 이미지를 주고 사람들이 쉽게 다가갈 수 있는 인상을 준다.

'세븐일레븐'처럼 다른 경쟁업체와 차이를 이름으로 나타내는 방법도 있다. '세븐일레븐'이 생겼을 당시, 이 영업시간으로 영업하는 업체가 많지 않아 사람들이 이곳으로 몰려왔다고 한다.

간단명료할 것

사람 이름처럼 상품을 의인화해 소비자에게 친밀감을 주는 방법도 있다. '알라딘' '파파존스' 같은 이름은 쉽게 다가갈 수 있는 친근한 느낌이 있다. 의인화한 이름은 캐릭터화할 수 있는 장점도 있다. 사람의 이름처럼 기억하기 좋은 글자 수는 대체로 2~4글자 정도다. 짧고 익숙한 발음과 쉬운 글자로 이루어져야 기억하기 수월하다. '삼성'이나 'LG'처럼 간단하게 지어진 이름이 우리의 기억 속에 잘 남는다는 사실을 보면 알 수 있다. 전 세계 사람의 뇌리에 박혀 있는 '애플'도 그렇다. 간단명료한 이름을 만들기 위해 흔히 첫머리 글자를 따서 결합한 압축형이 있다. MZ세대가 즐겨 사용하는 패션 아이템인 '무신사Musinsa'는 처음에는 '무진장 신발 사진이 많은 곳'이라는 커뮤니티로 시작했다. 이 커뮤니티의 이름을 줄여 브랜드 이름으로 사용해, 현재는 한국의 온라인 패션 플랫폼 1위 기업이 되었다.

'먹쉬돈나'는 '먹고 쉬고 돈 내고 나가라'를 줄여 만든 이름이고 '오빠닭'은 '오븐에 빠진 닭'의 줄임말이다.

한국 아이돌 그룹 이름을 지을 때도 이런 방법을 많이 사용한다. 과거 한국 아이돌 그룹의 이름은 대부분 '슈퍼주니어' '소녀시대' '대국남아'처럼 소년, 소녀, 남성, 여성 같은 성별이나 나이대를 나타내는 단어를 많이 사용했지만, 지금은 거의 이런 식으로 이름을 짓지 않는다. 'BTS'는 '방탄소년단BangTan Sonyeondan'의 줄임말이고, 'NCT'는 'Neo Culture Technology'의 줄임말이다. '블랙핑크Blackpink'의 경우는 특정 색감을 나타내는 2가지 단어 'pink'와 'black'을 조합해서 독특한 이미지를 강조한다. '레드 벨벳'의 'red'는 뜨거운 열정, 'velvet'은 부드러움과 우아함을 나타내는 단어로, 그룹의 음악적 스타일과 멤버들의 개성을 잘 반영하기도 한다. '스테이시Stayc'는 'Star to a young culture', '위아이WEi'는 'WE

are the first Idea', '트레저 Treasure'는 'Treat + Pleasure'의 줄임
말이다. 이런 이름은 단순하고 직관적이어서 외국인도 쉽게
알아들을 수 있는 장점이 있다.

철학을 담을 것

기업의 경영철학을 넣어 자신이 전달하려는 이미지를 표현하
는 방법이다. 한국의 수많은 화장품 제품명에서 잘 드러나며,
브랜드 이름만 봐도 제품의 어떤 측면을 강조하는지 파악할
수 있다. 초기의 한국 화장품 로드숍 브랜드들이 전체적으로
자연 성분, 힐링, 환경 등 이미지 위주로 전달했다. '네이처 리
퍼블릭 Nature Republic'은 자연 원료를 사용한 화장품 브랜드로,
자연 공동체 즉 생태계와 함께하는 생활을 의미한다. 자연주
의 로드숍 브랜드인 '이니스프리 Innisfree'는 '자유의 섬'이라는
뜻이 있으며, 자연 속에서 자유로운 휴식, 자연과 조화로운 아
름다움을 추구한다는 뜻의 시적 단어를 사용했다. 이러한 브
랜드 이름은 각 브랜드의 콘셉트와 제품 특징을 한마디로 드
러낸다.

만약 기능성, 전문성을 중시하는 브랜드라면 이름에서도 이

를 강조한다. 특히 의약 브랜드에서 두드러진다. '메디큐브 Medicube'는 피부과 전문 브랜드로, '메디Medi'라는 의학적 의미의 단어와 '큐브Cube'를 결합해서 직관적으로 구성된 디자인으로 안정감과 신뢰감을 나타낸다. '더마토리Dermatory'도 비슷한 조합으로, '더마Derma'는 피부과학과 관련된 의학 용어이며, '토리Tory'는 영국의 명품 브랜드를 연상하게 한다. 따라서 제품 효과와 브랜드 이미지인 '피부 진정 더마 솔루션'을 잘 드러낸다. 전문성을 강조하려고 화장품 브랜드가 취하는 방법도 매우 다양하다. '닥터 자르트Dr Jart+'는 전문성과 안전성을 드러내는 닥터와 아트에서 영감을 받은 브랜드이며, 브랜드 명은 의료와 예술의 만남을 의미하는 '닥터 조인 아트 Doctor Join Art'에서 따왔다. 피부과 전문 자문단과 함께 제품을 개발해서 품질을 보장한다는 메시지를 전달하며 이름에서 브랜드의 차별성과 아이덴티티를 잘 드러냈다. 병원 전용 브랜드로 출시한 '셀퓨전씨Cell Fusion C'는 세포 재생과 보습 효과를 강조하는 이름으로, '셀퓨전Cell Fusion'은 세포와 세포를 합치는 의미를 지니며, '씨C'는 비타민 C를 나타낸다. 이러한 브랜드 명은 각각 제품의 특징이나 기능을 나타내는 단어를 포함하며, 각 브랜드의 고유한 이미지와 콘셉트를 전달하고 있

다. 또한 안전성과 전문성을 강조하는 단어를 사용해 신뢰감
을 준다는 공통점이 있다.

고객을 적시할 것

제품이나 서비스의 타깃을 직접 공략하는 방식으로 이름을 지
을 수도 있다. 여성 사용자를 대상으로 한 성형수술과 피부 시
술 정보 플랫폼인 '강남언니'는 여성을 타깃으로 만든 성형 클
리닉 정보 앱이다. 성형과 피부 관리 시장에서는 여성의 비율
이 남성보다 훨씬 더 높기 때문에 '언니'나 '여신' 같은 여성
성의 단어를 선택하면, 여성 소비자에게 더 직접적으로 다가
갈 수 있다. 하지만 특정 계층을 지칭할 때 혹시 가져올지 모
르는 부정적 연상을 주의하며 충분히 검토해야 한다. '강남언
니'는 사람들의 부정적 이미지를 약화하는 직설적인 솔직함이
있다. 처음 들었을 때 성형미인의 여성 이미지가 떠오르는 것
이 사실이다. 최근 들어 자신의 개성을 중시하고 당당하게 변
화를 추구하는 MZ세대의 등장으로 성형에 대한 태도가 많이
변한 것이다. 그러나 글로벌 마켓으로 시장을 확장하고자 한
다면, 이 브랜드의 발음이나 의미는 다른 나라 언어로 적용했

을 때 부정적인 해석 가능성이 있을지 조사할 필요가 있다. 부정적인 단어나 뜻을 연상하게 하는 브랜드 명은 브랜드 이미지에 치명적인 영향을 준다.

신상 느낌을 갖출 것

핫한 유행어나 콘텐츠를 인용하는 것도 빠르게 브랜드 이름을 알리는 좋은 방법 가운데 하나다. '여신티켓'이라는 피부 관리 정보 플랫폼이 있다. '여신'이라는 단어는 더욱더 완벽하고 아름다워지고자 하는 여성들의 염원을 나타내며, '티켓Ticket'은 브랜드의 서비스가 여성 사용자들에게 빠른 효과를 나타낸다는 기대감과 선물 같은 느낌을 준다. '여신티켓'은 〈여신강림〉이라는 네이버의 핫한 웹툰을 연상시킨다. 이 웹툰은 외모 콤플렉스가 있는 여자 주인공 주경이 화장을 통해 여신이 되는 스토리인데, 자존감 회복 로맨틱 코미디로 드라마까지 제작됐다. 브랜드 이름을 통해 여성의 아름다움에 대한 욕망을 만족시켜주는 느낌까지 담았다. 심지어 웹툰 〈여신강림〉에선 '여신티켓' 어플을 광고하는 장면도 나온다. 주인공 주경이 민낯 콤플렉스가 있어서 그녀의 언니가 '여신티켓'을 추천해 주는 모습이었다. 브랜드 이름과 웹툰 제목이 비슷해서 자연스럽게 기억되기 때문에, 웹툰 광고가 나온 후에 실제 '여신티켓'의 사용자가 급속하게 증가했다.

범주의 대표성을 겨냥할 것

새로운 제품·서비스 등에서 가장 먼저 출시되어 입지를 구축한 브랜드는 그 카테고리를 대표하는 대명사가 되기도 한다. '가그린'과 '노스카나'는 각각 구강청결제와 여드름 흉터 치료 연고인데, 같은 종류의 제품 중에서 가장 먼저 광고해서 해당 제품군의 대명사가 되었다. 우리가 일상적으로 많이 사용하는 단어인 '햇반' '초코파이' '미원'이 대표적인 예다.

확장성과 포괄성을 염두에 둘 것

이름은 한 번 쓰고 버리는 소모품이 아니다. 오래 쓰려면 포괄적이고 확장성이 필요하다. 그 카테고리 내의 다른 제품과도 어울려야 한다. 애플의 '아이-i' 시리즈는 '아이폰iPhone'에서 '아이패드iPad' 등 관련 제품으로 확장할 수 있다. 회사 이름도 마찬가지다. 국내에서 '나이스 그룹NICE'은 모든 업무를 '나이스'를 붙여 만들었다. 개인 혹은 기업의 신용평가를 수행하는 'NICE 평가정보' 및 'NICE 신용평가', 결제의 모든 과정을 처리하는 'NICE 정보통신' 및 'NICE 페이먼츠', 투자와 채권관리 등 금융 서비스를 제공하는 'NICE 투자 파트너스' 등이 있다.

II

요즘 잘 나가는 이름들

이미 알려진 기호나 상징물에 비유하면
긍정적이고 새로운 이미지를 부각할 수 있다.
은유란 간접적으로 비유하는 표현을 뜻하는데,
이는 대상에 대한 보다 풍부한 해석을 유도하고,
상품에 대한 이해도를 높인다.

이름은
가장 짧은 '러브레터'다

박준 시인의 『당신의 이름을 지어다가 며칠은 먹었다』라는 시
집이 있다. 타인의 자서전을 대필해 주던 작가가 그 대가로 밥
을 먹었으니 그런 제목이 탄생한 것이다. 사실 이름이 밥이다.
그래서 상황에 맞는, 목적에 맞는, 의미에 맞는 적절한 '이름
짓기'가 필요하다. 쇼킹하고 반전이 있는 이름이 좋을 때가 있
고, 보편적 감성에 맞는 이름이 좋을 때가 있다. 또 때로는 입
에 착 붙는 이름이 좋을 때도 있다. 우리는 이름을 지어다가
평생을 먹는다. 다양하게 지어먹고, 취향껏 먹어야 한다. 그리
고 밥을 지을 땐 누가 먹느냐에 따라 냄비, 압력솥, 돌솥, 전기

밥솥 등 많은 취사도구 중 적절한 것을 선택해 지어야 한다.

수원대학교 와우리에 가면 동네 맛집으로 '와우리 순댓국'이 보인다. 지역명으로 이름을 짓는 것은 로컬 맛집의 기본이다. 동네 사람이든 멀리서 찾아온 사람이든 간판이 보여야 기억하고 기억해야 찾아갈 수 있기 때문이다. 그러나 이제는 거리의 간판을 보고 기억해서 찾는 시대는 아니다. 뭔가 특색을 담아야 스마트폰에서 찾아 저장했다가 꺼내 보고 찾아가는 시대다. 맛이든 값이든 덤이든 뭔가 달라야 한다. 와우리 근처의 '짬뽕깡패' 같은 이름이 그렇다.

경우에 따라선 이름으로 장난을 쳐야 하는 시대가 왔다. 브랜드는 시대 상황과 맞물려 태어나고 그 흐름 위에서 성장한다. 과거에는 단순하고 기억하기 쉬운 이름이 많았다. '코카콜라'와 '맥도날드' 등이 여기에 해당한다. 코카콜라는 미국의 탄산음료로 코카 나뭇잎과 콜라 열매로 만들어졌다. 맥도날드의 아침 대표 메뉴 '맥모닝'은 바쁜 출근길에 간단히 요기를 해결해 주는 음식이라는 의미다. 단순하지만 강렬한 표현으로 미국식 자본주의와 세계화를 상징하는 트레이드 마크가 됐다.

브랜드 이름은 시대에 따라 변화하는 경향이 있다. 시대에 따라 소비자들의 가치관, 취향, 문화적 배경 등이 변화하기 때문이다. 이제는 24시 의료 서비스가 사람에게만 해당하지 않아, 주변에서 24시 동물병원을 어렵지 않게 발견할 수 있다. 반려동물 케어 서비스가 빠르게 성장하고 있기 때문이다. '이리온'이라는 동물병원이 있다. 반려동물 병원에 적절한 이름이다. 보통 반려동물을 부를 때 이름을 부르기도 하지만, 특히 어른들의 경우 '이리 온~'이란 말을 곧잘 사용한다. 예민한 사람이라면 그 말에 짙은 애정이 담겼음을 눈치챌 것이다.

관찰 예능 프로그램의 한 획을 그은 〈나 혼자 산다〉도 좋은 브랜드다. 해당 프로그램은 제목처럼 혼자 사는 연예인이 출연해 자연스러운 일상을 공개하는 내용이다. 유명 연예인이 일상생활 속에서 혼자서 집안일을 하고, 취미생활을 하거나 그들의 인간관계 등을 다루는 내용으로 구성돼 시청자들에게 뜻밖의 재미를 선사한다. 이 프로그램은 단순한 일상생활만 보여 주는 것이 아니라, 연예인들이 자신만의 방식으로 일상생활의 문제를 처리하는 과정을 엿볼 수 있는 특징이 있다. 시청자들은 이를 통해 새로운 정보와 아이디어를 얻을 수도 있다.

'이리온'과 〈나 혼자 산다〉는 1인 가구 증가와 맞물려 생긴 브랜드다. 1인 가구가 증가하면서 싱글 라이프에 대한 관심이 증폭됐다. 마찬가지로 가족 규모가 최소화되면서 그 빈자리를 반려동물이 채우고 있다.

스낵컬처Snack Culture 시대에 맞게 '숏폼Short-form'이나 '릴스Reels'처럼 이목을 사로잡으면서도, 잊히지 않는 '이름'을 갖는 것이 생존율을 높이는 가장 쉬운 방법이다. 감수성에 압축미를 더해야 한다. 상징성의 강도에 따라 세 가지의 분류가 가능하다. 특색을 설명하고 비유하고 상징하는 이름들이다. 상상력을 동원한 정도의 순서라고 해도 좋겠다. 작명법을 제시하기 전 세 가지 분류로 요약해서 거리의 이름을 제시하니 작명의 감각을 숙지하기 바란다.

설명하거나

'모두이사' '짐랄라' '위매치' 등 다양한 포장이사 어플을 접했지만 그다지 기억에 오래 남는 이름은 없었다. 그러나 최근 본 '짐싸'의 경우, 단 두 글자로 브랜드 네임을 설정해 머릿속에 쉽게 자리매김했다. 또한, 보기 드물게 명령조로 네이밍해 이사할 때면 '짐싸' 어플을 통해 당장이라도 짐을 싸야 할 것만 같은 심리를 끌어낸다. 이사를 준비하는 것처럼 만만치 않은 상황에선 누군가 강력하게 솔루션을 제시해 주길 바라는 의존심리가 작동하기 마련이다. 위에서 언급했던 경쟁 어플인 '짐랄라' '위매치'의 경우, 이름만 보았을 때는 어떤 용도로 제작된 어플인지 쉽게 유추할 수 없다. 그러나 '짐싸'는 이사하기 위해 반드시 해야 하는 일을 떠올려 '포장이사' 하면 쉽게 연상할 수 있는 장점도 있다.

장수 국민 예능 프로그램 〈1박 2일〉이 크게 성공할 수 있었던 이유엔 짧고 명확한 브랜드 네임이 한몫했다. 같은 연출가의 프로그램 〈신서유기〉나 〈지구 오락실〉 같은 프로그램은 이름만 보았을 때는 여행 프로그램이라고 생각하기 어렵다. 오히려 이 프로그램들은 나영석이라는 유명 PD가 제작했고 이미 인지도가 높은 연예인들이 출연했다는 점에서 쉽게 흥행한 것이지, 프로그램 제목이 흥행에 큰 영향을 미쳤다고 생각하지 않는다. 그러나 〈1박 2일〉은 누가 들어도 여행 프로그램이다. 기대감이 있고 수학여행 같은 스토리가 엿보인다. 여행 프로그램을 통해 재미를 얻고 싶은 사람들에게 통할 수밖에 없는 브랜드 네임이다.

치약 '2080'은 20개의 치아를 80세까지 건강하게 보존하자는 의미에서 지어졌다. 숫자를 이용한 이름은 LG생활건강의 명품 화장품 '숨37°'도 있다. 37°는 삼나무 통에서 발효 및 숙성하기에 가장 좋은 온도이며, 성인의 평균 체온과도 유사해 '숨'과 더불어 자연 친화적인 이미지를 불러일으킨다. '숨37°'는 자연 속 미생물의 자연 발효 과정에서 영감을 받아 그 생성물에서 피부에 유익한 새로운 성분을 추출한 자연 발효 화장품으로 순수 식물 발효 화장품을 대표한다. '에이지투웨니스AGE20's'는 애경산업주식회사의 화장품 브랜드다. 모든 여성이 스무 살의 매끄럽고 탱탱한 피부 상태로 돌아갈 수 있게 돕고, 생명 에너지가 넘치는 아름다운 삶을 살게 한다는 의미다.

'넷플릭스Netflix'는 인터넷과 영화를 의미하는 단어의 조합어로 인터넷으로 영화와 텔레비전 프로그램을 스트리밍하는 서비스임을 쉽게 알게 한다. 직관적이고 명확한 이름은 브랜드 이미지를 구축하고 소비자들에게 쉽게 전달할 수 있는 강력한 방법 가운데 하나다.

용산구에 위치한 아이스크림 가게의 간판은 익숙한 인사말 'Have a nice day'를 변형한 'Have an ice day'로 되어 있다. 위트를 사용해 변형한 브랜드 명은 소비자들이 이름을 쉽게 기억할 수 있게 하는 장점이 있어 종종 사용된다.

'지그재그' '요기요' '오아' 같은 이름은 브랜드의 특성을 직접적으로 나타내며 발음하기 쉽고 기억하기 쉬워 소비자에게 강한 인상을 남긴다. '지그재그'는 옷을 고르고 비교하면서 손가락을 움직이는 모습을 지그재그로 표현하고, '요기요'는 '여기요!'라는 의미로 배달 음식을 떠올리게 한다. '오아'는 '오아~!'한 소형 가전이라는 슬로건을 내건 만큼 감탄사 '우아' 또는 '우와!'의 귀여운 버전으로 읽힌다.

성신여대 앞엔 '약주터'라는 술집이 있다. '약주터'라고 하면 한국적이고 막걸리를 마셔야 할 것 같은 느낌이 들지만, 소개 말은 '매일 화이팅 넘치는 무국적 술집'이다. 메뉴를 살펴보면 흔히 고로케라 불리는 크로켓, 김치전, 해물 토마토 파스타 등 다양한 국적의 음식을 한국식 퓨전 메뉴로 제공한다. 전통주도 팔지만 다소 비싸다. 간판이 '약주터'라 젊은 학생들, 직장인, 동네 어르신들, 남녀노소 나이 불문하고 모두가 즐기는 술집이 되었다. 약주터라는 이름은 젊은이들과 기성세대에게 각각 다르게 친숙한 느낌을 준다. 즉 젊은이들에게는 복고풍, 레트로 감성을 자극하고 과거의 언어를 재해석하는 경험을 하게 된다. 기성세대에게는 지난 과거의 기억을 회상하고 젊을 때 다니던 술집의 친숙함을 느끼는 기회가 된다. 반면 젊은이들만을 대상으로 하는 '와인 한잔' '인생 술집' '포차천국' 같은 간판은 기성세대에게는 발 딛기 어려운 이미지다.

'구글Google'은 신조어로 만든 검색엔진으로, 가장 강력한 브랜드로 자리 잡았다. 반대로 '스카이프Skype'는 인터넷 전화 통신 프로그램으로, 기존의 단어들을 믹스한 조합형 이름이다. '셀럽티비'라는 유튜브도 '셀러브리티 티브이'의 줄임말이다. 최근 대표적인 SNS로 떠오르는 '인스타그램'은 폴라로이드로 대표되는 'Instant camera'와 'Telelgram'을 합친 말로, 사진을 찍어 공유한다는 이미지를 담아냈다. 만약 결합이 억지스러우면 자칫 촌스럽다는 느낌을 줄 수 있으며, 발음이 어려워질 수도 있다. 또한, 해당 앱이 무슨 앱인지 바로 알아보기 어렵다는 단점도 있다. 이미 존재하는 단어를 조합해 만든 신조어 브랜드 네임은 쉽게 기억되고 외우기 쉬우며, 브랜드 이미지와도 잘 어울린다.

의약품에는 어려운 성분명이 들어 있어 약 이름만으로 어떤 약인지 확인하기 힘든 경우가 종종 있다. 전문적인 약을 소비자에게 친근하고 다가가기 쉽게 이름에 상품의 효과를 쉽게 녹여내야 한다. '아프니벤큐액' '가네톡액' '베나치오'처럼 모르는 사람이 들어도 무슨 약인지 바로 알 수 있게 해야 한다. '아프니벤큐액'은 '아픈 입엔! 아프니벤큐액'이라는 슬로건처럼, 구내염 같은 구강 인후 염증 치료제다. 마찬가지로 '가네톡액'은 간 질환 보조 치료제로 '간이 피곤하고 지칠 때! 톡!'이라는 슬로건을 내걸고 있다. 연음법칙을 활용해 바로 증세를 설명했다. '베나치오'는 당연하게도 '아픈 배가 낫지요'라는 의미를 담은 소화제다. 재미있고 쉬운 이름이다. 상품의 효과나 장점이 이름을 통해 드러난다면, 직관적이고 부르기 쉬워 누구에게나 친숙하게 다가갈 수 있다.

'후라이드참잘하는집'은 이름만 봐도 주력상품이 '프라이드 치킨'이라는 사실을 알 수 있다. '잘빠진 메밀'도 같은 방식의 이름이다.

'왓챠'는 'I've got you'라는 슬로건에서 뽑아낸 이름이다. 아직 안 본 영화 중 재미있게 볼 만한 영화를 찾아 주는 서비스에 잘 어울리는 이름으로, 타깃 층에 새롭고 젊은 서비스라는 느낌을 전해 준다.

'당근마켓'은 '당신 근처 마켓'을 줄인 말이다. 중고거래에서 시작해 다양한 지역 정보가 공유되는 서비스를 지향한다. 당근의 이미지에서 오는 긍정적이고 건강한 이미지도 머릿속에 떠오르게 하는 특징이 있다.

'JAJU'는 '자연주의'의 줄임말로, 브랜드가 가진 철학과 스토리를 잘 녹였다. '자연주의'에서 'JAJU'로 개명하면서, 자연주의가 주는 느낌은 더 강렬해졌다. 이름을 바꾼 후, '자주 쓰는 것들의 최상'이라는 슬로건을 내걸고 있다.

'싸고 맛있기로 소문난 집'이라는 음식점이 있다. 이름 자체가 너무 직설적이어서 독특함을 느낄 수 있으나 음식이 진짜 그렇게 싸고 소문날 정도로 맛이 없다면 곤란하다. 기대감만큼 제품이나 서비스가 따라 주지 못하면 오히려 더 큰 실망을 불러오기 때문이다. 성남시 분당구 야탑에 있는 '머리 못하는 집'은 정말로 머리를 못 해 얼마 못 가서 문을 닫고 말았다.

신세계인터내셔널에서 출시한 패션 명품 전문 플랫폼인 'SI 빌리지'도 설명형이다. SI는 신세계인터내셔널의 이니셜이고 빌리지는 마을을 뜻하는 단어로 '신세계인터내셔널에서 판매하는 브랜드로 이루어진 마을'이라는 의미를 담았다. 사실 'SI 빌리지'는 효과적인 브랜드 네임이라고 하기에는 어려워 보인다. '쿠팡'이나 '무신사'처럼 소비자가 기억하기 쉬운 간결한 명칭을 사용하는 것과 달리, 'SI 빌리지'는 다소 긴 명칭으로 마니아들만 알 수 있는 플랫폼이었다. 하지만 이서진의 TV 광고와 '딥티크'와 '바이레도' 같은 니치 향수 구매처의 대표 격으로 'SI 빌리지'가 떠오르면서, 국내 대표 뷰티 커뮤니티와

MZ세대 사이에서 'SI 빌리지'를 줄여 '시마을'이라는 애칭이
탄생했다. '시마을'이라는 브랜드 명은 단순하고, 기억하기 쉬
워 마케팅할 수 있는 요소들이 더 다양하다. 시마을의 프로모
션인 '449 WEEK'도 잘 지은 이름이다. 449는 신세계인터내
셔널의 본사 주소인 강남구 도산대로 449번지를 의미하고, 이
름에 걸맞게 매월 4월 4일부터 4월 9일까지 진행되는 행사다.
고객의 흥미를 유발하는 스토리를 담은 단순 명쾌한 명칭이다.
'무신사'는 창업 당시 '무진장 신발 사진이 많은 곳'이라는 이
름의 커뮤니티로 시작해 지어진 이름이다. 의미 자체가 직관
적이고 줄였을 때 발음도 쉽고 간단하다. 〈검색어를 입력하세
요. www〉〈슬기로운 의사생활〉〈이상한 변호사 우영우〉는 각
각 '검블유' '슬의생' '우영우'로 불린다. '검블유'는 '검색어
+더블유'를 합친 말이다. 사람들은 스스로 줄이거나 상징적
인 것만 뽑아 말한다. 소비자들은 너무 긴 이름이나 제목을 선
호하지 않기 때문이다. 예능 프로그램인 〈혜미리예채파〉는 혜
리, 미연, 리정, 최예나, 김채원, 파트리샤의 이름 앞글자를 따
온 말로 제목만 봤을 땐 단어도 아니고 키워드도 아니어서 혼
란을 줄 수도 있다. 이모티콘이나 캐릭터 이름을 정할 때도 앞
에 키워드를 적고 재활용하는 경우도 있다.

'김재복 헤어 뷰티'는 이름이 간결하고 명확하다. 살롱 대표인 김재복의 이름을 사용하고 대표자의 이름을 브랜드와 결합해서 헤어와 뷰티라는 키워드를 함께 사용해, 소비자에게 명확하고 책임감 있게 이름의 실체를 알린다. '폴바셋Paul Bassett'은 월드 바리스타 챔피언십에서 우승한 바리스타의 이름을 써서 커피를 즐기는 고객에게 카페의 전문성과 신뢰성을 전달했다. 엔터테인먼트 분야의 대표적인 회사로는 'CJ엔터테인먼트' 'JYP엔터테인먼트' 'YG엔터테인먼트' 'SM엔터테인먼트' 등이 있다. 최근 '빅히트 엔터테인먼트'가 이름을 '하이브Hybe'로 변경했다. '빅히트'란 이름보다는 '하이브'란 이름이 간결하고 고급스러워 더 선명하게 기억에 남는다. 연예인들도 본명을 쓰지 않고 예명을 짓는 경우가 많다. 남들이 기억하기 쉽고 매력적인 느낌이어야 한다. 무엇보다 짧아야 유리하다.

'애플'과 '삼성'의 이름은 각자의 특성이 있다. 간단하면서도 숨어 있는 스토리를 잃지 않는다. '애플'이라는 단어는 혁신을 의미하는데, 에덴동산의 애플이 처음 세상을 바꾸고 잡스의 애플이 다시 세상을 바꿨다. '삼성'의 '3'은 모두가 좋아하는 숫자다. '성'은 하늘에 별처럼 밝고 높고 영원히 깨어 빛난다는 의미가 있다.

연남동에 'EHBD'라는 카페의 이름은 'Everyday Happy Birthday'의 줄임말이다. 머리말로 축약해 전체를 설명한다. 현대 젊은 사람들에게는 예쁜 카페에서 사진을 찍고 생일을 보내는 것이 트렌드다. 생일 때 쉽게 떠올릴 수 있고 연상되는 브랜드 이름이다. 평일도 생일처럼 즐길 수 있다는 의미도 포함돼 있다.

카페 '쓰리엑스라지커피3X-Large Coffee'는 커피숍에서 제공하는 공식 컵 사이즈 중 가장 큰 사이즈로 다른 브랜드들보다 더 많은 양의 커피를 제공한다는 뜻이다. 제품 크기의 특수성을 이름에 담아 가성비를 추구하는 소비자에게 강한 인상을 남겨 기억에 도움을 준다. '송가네 냉면 주는 알밥집', 이 음식점에서는 알밥을 시키면 작은 냉면을 덤으로 준다. 간판을 보는 사람들이 알밥과 냉면을 같이 먹을 수 있음을 곧바로 떠올린다. 7,000원에 알밥과 냉면을 같이 먹을 수 있다면 보통 사람은 혹할 것이다.

'곱분이곱창'은 언뜻 작명의 이유가 잘 안 보인다. 하지만 '나는 너뿐이고 곱창은 곱분이고'라는 슬로건을 해석하면 '곱창은 곱분이 곱창이 최고'라는 메시지를 던지고 있다. 곱분이라는 이름이 정감이 와닿고 순정과 진정성이 느껴지기도 한다.

곱창과 찰싹 달라붙는 이름이다. '해문라면'과 '문개항아리'
는 제주도에 있는 해산물과 문어를 넣은 라면을 파는 집이다.
역시 제품 자체에 이름을 붙여 이 가게가 뭘 파는지 한눈에 알
수 있게 한다. '문개항아리'는 해산물과 문어를 깡통에 담아
가스로 끓이면서 먹는다. 이름에서 상품을 직접적으로 노출해
명료한 인지 효과를 거둔 경우다.

'수원 왕갈비 통닭'이라는 이름은 대한민국 영화 역대 흥행 2위
를 기록한 〈극한직업〉에서 주인공 일행이 운영하는 식당의 간
판이다. 수원 왕갈비의 양념 비법을 통닭에 접목했음을 암시
하는 이름이다. 참신하고 재미있고 어떤 맛일지 궁금하다. 수
원 하면 통닭을 떠올리는 것처럼 곱창 하면 왕십리가 연상된
다. '불타는왕십리곱창'은 가게의 위치를 명확히 전달하고
'불타다'는 메뉴의 특성과 왕십리의 떠들썩한 분위기도 맞물
려 있다.

'다방' '상회' 같은 단어는 1980년대 국내 문학에서 주로 쓰
이다 2000년대 들어서는 '카페'나 '마트' 같은 다른 외래어로
대체되어 거의 쓰지 않는 단어다. 레트로 감성을 중시하는 시
대엔 이런 단어들이 오히려 트렌드를 주도하는 경향이 있다.
'커피 한약방' '혜민당'처럼 이런 이름으로 고급스러운 밀크

티와 스콘 등을 판매하는 카페 이름으로 쓰인다. 이런 점포의 내부를 들여다보면 하나같이 독창적이고 감각적인 인테리어로 꾸며졌다. 스마트폰에 담아가기에 적절한 소품을 활용하고 SNS에 올릴 만한 공간과 스토리를 연출한다. SNS에 알리기를 좋아하고 독특하면서도 유니크한 현장감을 추구하는 MZ세대 사이에 '다방' '상회' '기사식당' 등은 더는 사장된 단어가 아니며 새로운 경험을 주는 촉매제로 쓰인다. 최근 뉴욕 맨해튼에 있는 '동남사거리 기사식당'이라는 집이 인기몰이 중이라는 외신이 들려오기도 한다.

이모티콘 캐릭터 '망그러진 곰' 작가는 '망그러진'이라는 키워드를 활용해 '망그러진 햄스터'라는 캐릭터도 출시했다. '망그러진'이라는 말은 반듯하지 않고 약간 뭉그러져서 완벽하지 않은 형태라는 뜻으로 '망가진'을 귀엽게 표현한 말이다. '레고LEGO'는 인기 있는 디지털 게임과 경쟁하면서도 전통적인 장난감 회사로 자신을 잃지 않는다. 'LEGO'는 'leg godt'의 줄임말로, 덴마크어로 '즐겁게 놀기Play Well'라는 의미를 담았다. 이러한 회사 정신과 함께 '레고'의 이름은 즐거움과 창의성을 유도하는 게임적인 이미지를 반영했다. 이로 인해 '레고'는 브랜드 이름과 제품 디자인, 마케팅 전략 및 경험적 마케팅을 통해 성장하고 있다.

'더바디샵The body shop'은 인체 건강과 자연에 초점을 맞춘 제품으로 천연원료 사용을 강조하고 화학성분 사용을 자제하겠다는 기업 정신이 브랜드 네임에 반영되었다.

'손목닥터 9988'은 서울시민의 건강 증진 및 건강생활 습관을 만드는 데 도움을 주는 사업 명칭이다. 스마트 밴드를 활용해 걸음 수, 운동량, 심박수 등 건강 상태를 체크하며, 건강 상태에 따라 정형화된 리포트를 제공하는 전문성을 살렸다. '9988'은 99세까지 팔팔(88)하게 산다'는 의미로 헬스 케어와 건강 증진이라는 목적도 뚜렷하다. 이처럼 이름만으로 프로그램의 취지를 정확하게 드러내고 이점을 살릴 수 있다.

'샐러디Salady'는 'Salad'와 'Day'의 합성어로 샐러드 위주로 건강 패스트푸드를 판매하는 브랜드다. 'Salad'는 신선하고 건강한 이미지를 담고 있으며 'Day'는 반복적인 습관화를 담은 것으로, 채소 음식이 즐겁고 건강한 라이프 스타일의 완성이라는 점을 사람들에게 각인시켜 주었다. 또 '질로우Zillow'는 부동산 정보 및 검색 플랫폼으로 이름이 '베개'를 뜻하는 'pillow'와 '무수히 많은'을 뜻하는 'zillions'를 합친 이름이다. 수억 명의 미국인이 집을 구하는 의사결정을 더 똑똑하고 쉽게 만들어 주며, 부드러운 베개를 베고 자는 것처럼 편안하고 쉽다는 뜻을 담고 있어 유니크한 부동산 정보 플랫폼의 이미지와도 잘 어울린다.

'스시사소우'는 일식을 파는 식당인데 '스시(초밥)＋사소우(유혹하다)'라는 뜻이다. 모음의 변화로 발음이 굴러가는 듯한 재미를 선사한다. '세이로무시'라는 일식점도 있는데, '세이로'는 '나무 찜통'이란 뜻이고 무시는 '찜'이란 말이다. 즉 '세이로무시'는 '나무 찜통으로 조리한 찜요리'를 판다는 뜻이다.

성균관대 후문의 '홍순두부'라는 이름은 주요 재료인 두부만을 강조한 이름이다. 브랜드의 메뉴나 특징을 소비자에게 직관적이고 진실성 있게 전달하는 데 효과적이다. 주인장이 홍씨겠지만 순두부의 색감이 연상되어 입맛을 자극한다. 같은 대학 앞에 있는 꽃집 '성균관대 꽃' 역시 소재지를 명확히 했으며, 꽃과 대학교의 조화로운 이미지를 그대로 아울렀다. 그러면서도 간결하고 기억하기 쉽다.

아모레퍼시픽의 '에뛰드하우스'는 작명 센스로 인기가 많다. 특히 새도우 중 '룩 앳 마이 아이즈' 시리즈가 그렇다. '룩 앳 마이 아이즈'는 '나의 눈을 보라'는 의미로 눈에 사용하는 새도우에 적합하다. 현재는 새도우로만 활용하지만, 마스카라나 렌즈 등 눈 미용과 관련된 것으로 활용해도 어색하지 않은 말로 활용할 수 있다. '에뛰드하우스' 이름 자체로도 보았을 때 '에뛰드etude'는 프랑스어로 '연구, 연구소'라는 의미로 쓰이고, 음악 관련 용어로는 '연습곡'이라는 의미로 쓰인다. 'house'와 합하면 연구하는, 연습하는 공간으로 해석된다. 보통 화장하거나 연습하는 공간은 '집'으로 '에뛰드하우스'는 본인들의 브랜드가 집 같은 공간을 제공해서 돕겠다는 의미로 쓰였다. 에뛰드는 저렴한 가격으로 많은 사람을 타깃으로 한다.

유튜브에서 가장 핫한 프로그램 중 하나인 〈또간집〉은 방송인 풍자가 전국을 돌아다니며 그 지역의 맛집을 찾는 프로그램인데, 인터뷰 대상자가 2번 이상 간 맛집만을 갈 수 있다는 룰이 정해져 있다. 제목에서 프로그램의 취지가 드러나 이 프로그램을 한 번이라도 본 시청자는 제목을 잊을 수 없다.

tvN 예능 프로그램 〈대탈출〉은 참여자들이 각종 미션과 퀘스트를 수행하면서 탈출을 시도하는 쇼다. 프로그램 이름 그 자체로 직관적이다. 누구나 이 단어를 듣고 바로 그 의미를 파악할 수 있다. '대大'라는 단어는 크고, 중요하며, 위대하다는 뜻을 나타낸다. 이와 같은 어감은 프로그램이 매우 흥미로운 이벤트들을 제공한다는 것을 암시한다. 또한 '탈출'이라는 단어는 참여자들이 수행한 미션과 퀘스트를 통해 탈출을 시도한다는 것을 나타내는데, 이는 프로그램의 취지와도 부합된다.

비유하거나

실체를 이미 알려진 사람들의 기호나 상징물에 비유하면 긍정적이고 새로운 이미지를 부각할 수 있다. 은유성이란 간접적으로 비유하는 표현을 뜻하는데, 이는 대상에 대한 보다 풍부한 해석을 유도하고 상품에 대한 이해도를 높인다. 또 은유성이 높은 정보는 정보 처리자에게 상품에 대한 이해를 돕고, 상품 사용의 효용을 효과적으로 예측하게 한다. 그러나 너무 과도하게 모방하면 저작권 침해 문제가 발생할 수 있으며, 브랜드의 독자성이 희석될 수 있다는 점을 염두에 두어야 한다. 모방적 요소를 활용할 때는 적절하게 변형해 독자성을 유지하는 것이 중요하다.

못난이 만화 캐릭터로 유명한 문구 브랜드인 '오롤리데이'는 〈오 해피 데이oh, happy day〉라는 영어권 국가에서 유명한 노래를 차용했다. 창업자의 ID로 알려진 '롤리lolly'라는 이름 안에 막대 사탕, 즉 행복의 의미도 담겨 있다. '오롤리데이'는 '행복을 파는 브랜드, 오롤리데이!'라는 슬로건을 내걸어, 고객들에게 긍정적이고 행복한 감정을 전달한다. '오롤리데이'의 로고는 모방한 노래의 이미지를 차용해 만들어졌는데, 이를 통해 인지도를 높이고 브랜드 인식을 강화하고 있다.

'트래쉬버스터즈'는 환경 문제를 해결하기 위한 사회적 기업이다. 쓰레기 문제를 해결하기 위해 일회용품을 사용하는 곳에 다회용기를 대여해 주는 서비스도 한다. '트래쉬버스터즈'는 영화 〈고스트버스터즈Ghostbusters〉에서 따왔다. 〈고스트버스터즈〉는 뉴욕을 얼어붙게 만든 유령을 퇴치하는 두 주인공의 활약을 그린 코미디 영화로, 빌리 아이돌이 작곡한 신나는 주제곡으로도 유명하다. '트래쉬버스터즈'는 쓰레기 퇴출로 지구를 구하는 영웅이 되자는 의도가 담겨 있다.

'육회한 하루'라는 가게가 있다. 육회를 파는 식당인데 '육회'가 '유쾌'라고도 읽히는 점을 이용해 가게 이름을 더 밝게 인식할 수 있고, 더 기억하기 쉽게 한다. 당연히 '놀랄만두하군!'은 만둣가게다. '놀랄 만도 하군!'이라는 문장에 '만도'를 '만두'로 바꿔 재미있고 기억하기 쉬운 이름이 됐다. 만두 맛이 '놀랍다'는 의미도 전달한다. '기분꽃같네'는 무심결에 튀어나오는 욕설을 꽃으로 장식했다. 언뜻 화염병 대신 꽃다발을

던지는 뱅크시의 그림이 떠오른다. '무궁화 꼬치 피었습니다'
밀리언셀러의 제목에서 '꽃이'를 입말대로 '꼬치'로 변용해
위트를 살린 이름이다. 좀 긴 듯하지만, 한번 들으면 절대 잊
히지 않을 만한 이름이다.

『기분 벗고 주무시죠』라는 제목의 책이 있다. 이 책은 직장인
이라면 누구나 겪을 스트레스와 고민 그리고 인간관계에 대해
진솔하게 담아낸 건강한 마음가짐을 갖게 해 주는 책이다. 기
분을 벗는다는 문장은 옷을 벗는 상황에 비유했다. 자기 전에
기분을 벗는다는 표현은 하루의 스트레스를 훌훌 털어 버리고
편하게 자라는 뜻으로 독자들의 마음을 어루만지는 책이다.
『똥병상련』이라는 책도 '동병상련'이라는 단어의 어감을 살
린 네이밍이다. 최근에 화제작으로 떠오른 『감으로 읽고 각으
로 쓴다』는 제목 그대로 감각적인 제목이다. 읽고 쓰는 행위에
감각을 끼워 넣은 발상이 놀랍다. 『죽고 싶지만 떡볶이는 먹고
싶어』의 미국판에 코스모폴리탄은 "참신한 방식으로 한 개인
의 가장 취약한 순간을 바라보는 놀라운 관점"이라는 평을 달
았는데 말 그대로 참신한 제목이다. 책의 제목에는 유난히 비
유가 많이 사용된다. 『칭찬은 고래도 춤추게 한다』『술 취한 코
끼리 길들이기』『이상한 나라의 엘리트』 등이 그 예다.

'유니클로'는 'Unique(유일무이한, 특별한)'와 'Clothing(옷)'을 합쳐 'Uniclo'라는 고유명사를 만들었다. 이들 이름의 기원은 여기서 다가 아니다. 상표를 등록하는 과정에서 실수가 발생해 'Uniclo' 대신 'Uniqlo'라는 브랜드 명을 제출했는데, 유니클로의 회장은 알파벳 'Q'가 주는 독특한 느낌이 마음에 들어 그대로 사용해 'Uniqlo'가 탄생한 것이다. 이름에 브랜드 철학이 스며든 경우다.

'배달의 민족'의 경우에도 '우리가 어떤 민족인가'라는 카피를 반복적으로 써서 배달의 원뜻인 '밝은 땅에서 사는 단군의 자손'이란 의미를 자신들의 플랫폼 모델에 맞게 한국은 배달 문화가 특화된 점을 중의적으로 주입했다. 이제는 무심코 쓸 만큼 대다수 사람이 공감하며 소속감과 자부심까지 들게 만들고 있다.

최근 SNS에서 우연히 보게 된 안경점의 이름은 '또렷'이다. 단어 자체가 주는 귀여움이 안경의 특징과 연결되어 그야말로 또렷하게 잘 기억되는 이름이다.

전을 파는 식당의 이름으로 '전남친'이 있다. 전에 사귀었던 남자 친구라는 뜻에 비유해서 메뉴 '전'의 남자 친구라는 뜻을 함께 담아 중의적 단어로 이름을 지었다. 대학가 앞에 들어선

다면 입소문을 타고 젊은이들이 줄지어 입장할 만도 하겠다.

횟집 중 '회사가는날'이라는 가게가 있다. 횟집을 회사에 비유해서 회를 사가는 날이라는 의미와 회사에 가는 날이라는 두 가지 뜻으로 해석이 가능하다. 고객이 약간 스트레스를 받지 않을지 모르겠다.

'부정부페'라는 식당이 있다. 이는 사자성어 '부정부패不正腐敗'라는 사자성어를 다르게 해석해서 '부정父情(아버지의 사랑)을 담은 뷔페'라는 뜻으로 사용했다. 사실 짧은 이름 안에 하나라도 부정적 의미가 들어가는 것은 득보다 독이 될 우려가 있다.

춘천에 있는 식당 중 '노란'이라는 식당이 있는데, 이곳은 카레 메뉴만을 파는 곳이다. '카레' 하면 떠오르는 '노랗다'라는 형용사를 사용한 귀엽고 개성 있는 이름이다.

'취해'라는 횟집이 있다. 이 이름에서 '해'는 '바다 해海'로, 바다에 취한다는 뜻으로 회를 즐기는 동시에 취하자는 의미도 함께 있어 '회와 술을 함께 즐길 식당'임을 드러낸다.

체코의 시인이자 소설가 밀란 쿤데라가 쓴 『참을 수 없는 존재의 가벼움』이라는 소설이 있다. 각기 다른 가벼움과 무거움을 추구하는 네 등장인물의 이야기다. 하지만 가벼움을 추구하던 이도 무거움을 추구하던 이도 죽음을 피하지 못한다. 온갖 역할과 무게에 두 어깨가 짓눌려도, 의미 없는 행동을 반복하며 살다가 내일이면 삶이 끝나 버릴지도 몰라서 삶이란 지독하게 허무하다. 그래서 참을 수 없다는 것이다. 가벼움과 무거움을 참을 수 없다는 개념을 하나로 비유했다. 한동안 '참을 수 없는~' 시리즈가 유행했을 만큼 효과적인 이름이었다.

'폰 껍데기'는 휴대폰 케이스 가게 이름이다. 놀랍도록 신선하다. 잘 지은 이유는 무엇일까? 우선 친근감이다. 기존에 사용하던 케이스 가게 이름들은 하나같이 거창했다. '몽유룸' '케이스티파이' '108 서울' 등 어깨에 힘이 잔뜩 들어가서 정이 가는 이름은 아니었다. '폰 껍데기'라는 이름이 묘하게 사람을 끌어당기는 매력은 솔직함과 당당함에 있다.

'빽다방' '빽돈까스' '빽철판' 등 빽 시리즈는 우리나라 어느 동네를 걷던 쉽게 볼 수 있는 이름이다. 이 가게들은 모두 외식사업가 백종원이 만든 브랜드다. 이 브랜드와 상호는 대표의 성을 딴 브랜드라서 소비자에게 친근한 이미지를 줄 수 있다. 또 이름을 걸고 사업하는 느낌을 주어 신뢰도 줄 수 있다. 유명인이 브랜드에 끼칠 수 있는 긍정적 요소다. 하지만 만약 백종원이 사회적 물의를 일으켜 대중에게 부정적 이미지를 각인시킨다면, 브랜드 전반에 엄청난 악영향을 끼칠 것이다. 너무 많은 가게가 '빽~'의 상호를 달고 있어서, '백종원은 뭐 저런 것까지 하냐'는 거부감이 있는 것도 사실이다.

팔도의 '괄도네넴띤'은 최신 유행하는 신조어를 놓치지 않고 제품 네이밍에 활용한 사례다. 팔도의 '괄도네넴띤'은 '멍멍이=댕댕이' '대머리=머머리'처럼 비슷한 글자들끼리 바꿔 쓰는 일명 '야민정음'이라고 하는 인터넷 언어를 활용한 사례다. 비비면 포장지 글씨체가 '괄도네넴띤'처럼 보인다고 하여 Z세대 사이에서 별명처럼 부르던 이름이었는데, 팔도가 이를 활용해 한정판으로 출시했다. 35주년을 맞아 '팔도 비빔면'을 '괄도네넴띤'으로, 매운맛 신제품을 출시했다. 1020세대를 저격한 유머 코드로, '네이밍에 진심이다'라는 반응과 함께 한 달 만에 500만 개 완판이라는 기록을 세우기도 했다. 포장지 때문에 사겠다는 네티즌의 반응이 많아 실제 뉴스로 소개되기도 했다.

농심의 '앵그리 RTA' 라면은 '너구리'를 흘림체 로고를 뒤집어서 보면 RTA라는 알파벳으로 보이는 점을 활용해 기존보다 3배 매운 '너구리' 제품으로 출시해 2주 만에 400만 개가 팔리는 효과를 보였다. 영화 〈기생충〉의 짜파구리 효과와 더불어 특히 외국인에게 인기를 끌었다. 커뮤니티에서 바이럴이 되는 트렌드를 잘 캐치한 센스 있는 네이밍의 사례다.

'원래는 치킨집을 하려고 했었다'라는 프랜차이즈 떡볶이집이 있다. 말 그대로 원래는 치킨집을 차리려고 했으나, 동대문에서 만난 떡볶이 맛에 반해 3년간 매일 먹다가 비법을 전수했고, 치킨도 포기할 수 없어 떡볶이에 프리미엄 치킨 토핑을 추가한 방식으로 프랜차이즈를 만들게 되었다. 실제 해당 프랜차이즈의 이름을 검색했을 때, '그래서 떡볶이집이야? 치킨집이야?' '치킨집을 하려고 했던 떡볶이집의 치킨 맛은 어떨까요?' 등 브랜드의 이름에 대한 궁금증이 구매로 이어진 것을 확인할 수 있다. 이름 하나로 두 마리 토끼를 잡은 셈이다.

'인생네컷'은 이제 즉석 포토 매장의 대명사다. 포토 부스는 2010년대에는 이미 추억의 아이템이었으나, '인생네컷'의 등장을 기점으로 수많은 포토 부스가 생겨나면서 꽤 오랜 시간 우리의 곁에 다시 머물고 있다. '인생네컷'의 등장 이전에 몇 개의 포토 브랜드가 있었음에도, 지금 같은 열풍이 불게 된 것은 '인생네컷'이 큰 역할을 했기 때문이다. 축약과 압축의 시대에 '인생네컷'은 짧지만 강력한 한마디다. 우리 인생의 가장 아름다운 순간을 4컷에 담아내 간직할 수 있다는 철학과 자신감이 숨어 있다. 젊은이들은 SNS 속의 세상에 살고 있다. 자신의 삶과 일상을 멋지게 보여 줄 수 있게 도와주는 인생 숏이 담긴 베스트 4컷은 유혹적이다. '인생네컷'은 그 점을 잘 타격한 이름이다. 하루에도 몇십 장, 많게는 몇백 장의 사진을 찍어대며 단 한 컷의 인생 숏을 남기기 위해 노력하는 이들에게 '인생네컷'의 등장은 유혹과 니즈 충족의 절정 그 자체였다. 이제 사람들은 포토 부스 사진을 찍자고 말할 때 '인생네컷 찍자'고 말한다. 유사 업종 사이에서 대명사가 되어 사람들의 입에 거론되는 것은 네이밍이 성공했다는 뜻이다.

패션 브랜드인 '에잇세컨즈'는 말 그대로 단 8초 만에 소비자를 매료시키겠다는 포부를 브랜드 이름에 담았다. 사람이 처음 서로를 만나고 친밀감을 형성하는 데 시간이 필요하듯, 브랜드를 의인화해 소비자에게 한 발짝이라도 더 가까이 다가가고자 하는 의지를 드러냈다. 더불어 다양한 의미를 8이라는 숫자로 표현하고자 했는데, 먼저 8을 옆으로 눕혀 무한의 의미를 표현하면서 다양한 스타일을 제공하겠다는 뜻, 그리고 매일 새로운 콘셉트의 스타일로 '팔'색조 혹은 '팔'방미인의 매력을 선사하겠다는 뜻을 담았다. 더 나아가 중국인들이 '번창하다'라는 의미의 단어와 비슷한 발음을 가진 숫자 8을 좋아한다는 점을 고려해 중국 진출의 강한 의지를 드러낸 것으로 알려졌다.

경기도 파주의 한 대형 카페의 이름은 '말뚱도넛'이다. 강렬한 색감과 함께, 사진이 잘 나오는 휘황찬란한 디저트를 판매하는 대형 카페다. 어른아이 할 것 없이 눈이 '말뚱말뚱'하는 곳으로, 외국 디저트 가게에 방문한 느낌을 준다. 간판에 도넛을 그려 넣어 판매 상품을 어필하며, 동시에 가게 특성을 살린 수식어와 결합해 존재감을 드러냈다. 최근에 생긴 많은 가게가 상품 및 가게에 대한 이미지를 떠올릴 만한 비유적 수식어를 내세워, 자신들의 상품과 매장에 대한 이미지 메이킹을 시도한다. '말뚱도넛' 매장에 방문해서 눈이 '말뚱'해졌던 고객이라면, '말뚱도넛'을 잊을 수 없을 것이다.

예능 〈피지컬: 100〉은 이름만 들어도 강인한 사람들의 서바이벌 예능임을 유추할 수 있다. 최근 인기 폭발인 〈하트 시그널〉 〈솔로지옥〉 〈나는 솔로〉 같은 이름들도 보자마자 이것이 연애 리얼리티 프로그램임을 알 수 있다.

'쿡희네집'은 약 240만 명 이상의 구독자를 보유한 먹방 유튜버 '나름'의 쌍둥이 언니로 화제가 되었던 '다름'이 운영하는 수제 쿠키 판매점이다. 택배를 보낼 때 개인정보를 보호하고자 겉으로 보기에 세게 느껴지는 '곽두팔' '서팔광' 같은 이름으로 기재하는 밈이 화제가 되기도 했다. 한편 약 885만 명의 구독자를 보유한 먹방 유튜버의 가명은 '문복희'다. 복고적 느낌의 촌스러운 이름을 사용하는 것이 유행이다. 인터넷 커뮤니티에서 '무족권' '신뢰를 무릎쓰고'처럼 의도적으로 맞춤법을 파괴해 말하는 트렌드도 있다. 그런 트렌드로 보면 '쿡희의집'은 '쿠키'의 들리는 대로 기재해 맞춤법을 일부러 틀리게 만들어 촌스러운 이름으로 들리기도 한다. 이러한 요소들은 디저트를 좋아하는 MZ세대가 좋아하는 재미의 요소다. 최근 할매니얼 트렌드가 확산하면서 젊은이 사이에서 전통 과자인 약과가 유행하는데, '쿡희네집'은 약과쿠키를 대표 아이템으로 인기를 끌고 있다. SNS를 통해 입소문을 타서 온·오프라인 가리지 않고 오픈하기만 하면 완판하고, 현재 신세계백화점 강남점에서 팝업 스토어를 진행할 정도로 큰 인기를 끌고 있다.

족발가게 '귀한족발'도 잘 지은 이름이다. 귀한 족발이란 의미를 담았는데, 사람들은 첫 글자와 세 번째 글자를 합쳐 '귀족'으로 명명한다. 조합된 새로운 이름은 사람들의 일상생활에서 주문하고 약속을 잡을 때 축약해서 쓰이게 된다. 이름에 유머를 더해 '귀족'과 '족발'이라는 전혀 상관없는 사물을 연결했다. 이 족발을 먹을 때 귀족이 먹는 족발임을 심리적으로 암시한다.

'봄이온 소반'이란 식당이 있다. 봄이 오면 만물은 생기를 갖는다. 봄이 온 식당은 사람들에게 생기 있고 활기찬 음식을 제공하리라는 기대를 품게 하기에 적절한 이름이다.

'나홀로나무AloneTree'는 서울의 올림픽공원에 있는 나무다. 외로움의 감정을 이름에 넣어 나무를 의인화해서 감정을 생동감 있게 이끌어 낸다. 사람들의 흥미를 끌어 자신의 처지에 대입해서 감정을 이입하고 나무 주변으로 다가서서 사진을 찍는다.

'츠츠허허吃吃喝喝(먹고 마시고)'는 식당 프랜차이즈 업소다. 중국어로 '먹고 마시는 맛있는 식사'라는 뜻이다. 또 부산에 가서 만난 술집 이름으로 '인사불성人事不省'이 있다. 인생 뭐 있냐며 맛있는 음식과 한 잔의 술에 의미를 부여하는 대중에게 독특함은 물론 재미까지 더해 준다. 식당 체인점 한자 이름의 일부 글자는 한국어와 발음이 비슷해 소비자들에게 기억되기 쉽다. 시장 경쟁이 치열한 상황에서 독특한 이름으로 사용하기에도 용이하다.

영화 〈그린북〉은 실화를 바탕으로 1960년대 미국의 인종차별을 넘어서는 인간애를 다루었다. '그린북'은 당시 아프리카계 미국인들(흑인)이 레스토랑이나 숙박업소 등을 이용할 때 지침이 담긴 여행 가이드북이다. 흑인들은 그린북의 가이드라인에 따라 흑인만이 갈 수 있는 식당과 숙소, 놀 곳 등을 찾아야 했다. 1936년부터 1966년까지 매년 발간된 그린북은 차별적 요소도 있지만, 흑인에 대한 우호적인 장소가 어딘지 잘 알려 주는 좋은 서비스이기도 했다. 이를 영화의 제목으로 선택한 것은 매우 적절해 보인다.

'오늘 와인 한잔'은 와인 식당이다. 가게 이름만 봐도 이곳이 술집이라는 사실을 쉽게 짐작할 수 있다. 이 이름은 진관사 앞 한옥마을 카페 '1인 1잔'과 유사한 느낌이다. 이 술집이 술집임을 이해시켜 주는 것뿐 아니라, 그 이름 자체도 매우 창의적이어서 다른 술집과 구별되는 느낌을 소비자에게 전달한다. '와인 한잔'의 디자인은 장미를 닮은 와인 잔으로, 이 가게가 선술집이라는 사실에 딱 들어맞는 것은 물론이고 글꼴, 이름, 그림까지 모두 사람들에게 신선하고 문예적인 느낌을 준다. '오늘 와인 한잔'은 요즘 젊은이들의 트렌드와도 매우 잘 어울리며, 어디든지 사진을 찍어 SNS에 올리는 등의 일상 공유도 인기를 높일 수 있다.

'배스킨라빈스 31'은 메뉴의 다양성과 함께 독특하고, 개성 있는 네이밍으로 유명하다. '사랑에 빠진 딸기' '초코 나무 숲' '레인보우 샤베트' 등은 배스킨라빈스 31의 스테디셀러다. 아이스크림의 네이밍을 평범하게 '딸기 아이스크림' '초코와 녹차 아이스크림' '샤베트 아이스크림'으로 하는 대신, '사랑에 빠진 딸기 아이스크림' '초코와 나무(녹차) 숲(함께 어우러지는) 아이스크림' '레인보우(라즈베리, 오렌지, 파인애플이 들어 있는) 샤베트 아이스크림'으로 특색있는 스토리를 붙여 소비자들의 관심을 유도한다.

이와 유사한 작명 방식으로는 '초코에 빠진 마카롱 케이크'(파리바게트) '기분이 날아갈 것 같아요 케이크'(도레도레) 등 유명 베이커리 프랜차이즈에서 종종 발견된다.

신세계그룹은 온라인몰 'SSG.com'을 '쓱'이라는 부사로 읽어 커뮤니케이션하면서, 굉장히 과감하면서도 소비자들에게 신선한 충격을 주었다. '쓱'은 빠르고 한 번에 다양한 서비스를 자유자재로 이용할 수 있다는 의미로 일상에서 직관적인 브랜드 연상을 불러올 수 있는 측면을 고려해 핵심 메시지로 적용되었다. 원래의 광고 메시지는 '백화점에서 이마트까지 한 번에 쇼핑이 가능합니다'라는 말을 전하는 게 핵심이었다. 초기 광고에서는 그걸 백화점 가서 이마트 물건을 요구하는 장면 등으로 전달했다. 이는 그다지 주목받지 못했고, 이후 광고에서는 '쓱'이라는 한 글자로 그것을 함축적으로, 기억하기 쉽게 소비자들에게 전달했다. 그 결과 출범 2년이 되도록 브랜드명을 알리기 어렵다는 평을 받았지만, '쓱'으로 브랜드 네임을 재정비한 후 신선한 충격요법으로 사람들의 인식 속에 각인되었다. 이렇게 한 번의 노출만으로 기억에 남을 수 있는 '쓱'이라는 신선한 브랜드 명 덕분에 더는 '에스에스지닷컴'이라는 길면서도 기억에 잘 남지 않는 이름을 사용하지 않아도 되었다.

'쓱'은 우리가 모바일 디바이스를 만지고 콘텐츠를 소비하면서 취하는 행동이 '쓱쓱' 위아래로 혹은 좌우로 넘기는 형태를 고려한 네이밍이며, 우리 일상에서 활용하기 쉬운 단어다. 관용어처럼 '쓱 했다' '쓱세권'라는 식으로 일상에서 사용자들의 경험에 어우러져 사용되고, 커뮤니케이션되어 지금까지도 기억 속 강렬한 브랜드로 인식되고 있다.

사용자 경험에 초점을 맞춘 네이밍으로 한 번만 들어도 강한 임팩트를 주고, 다양한 패러디를 양산하며 SNS상에서 공유되고 회자되는 브랜드인 '야나두' '야놀자'가 있다. 이들은 자칫 장난스러워 보이는 네이밍으로 보일 수 있지만, 이들은 모두 각각 브랜드의 핵심가치를 담았다는 공통점이 있다. 먼저 '야나두'는 영어공부에 대한 부담과 고민이 있는 소비자들에게 유쾌한 이미지의 배우 조정석이 출연해 공감하듯이 "야 너두?"라는 대사를 통해 재미있고 친근하게 소비자에게 공감과 동기부여를 주었다. 즉 인류의 잠재력을 깨운다는 브랜드 정체성 아래, 서로에게 영향을 주고 협력하면서 서로의 잠재력을 깨워 주는 모두의 성장 플랫폼이라는 의미를 전달했다. 또한 일상에서 상대의 말에 공감할 때 사용되는 평범한 언어를 배우의 연기와 억양을 통해 다양한 패러디가 가능하게 했다.

또 '야놀자'는 우리에게 오랫동안 부정적으로 여겨졌던 숙박문화를 정반대의 이미지로 바꾸는 것은 물론, 하나의 놀이문화, 휴가문화를 만들어 냈다. 마치 친구가 놀러 가자고 이야기하는 것처럼 느껴지는 네이밍으로 여행과 숙박에 관련된 소비자들의 구매 욕구를 불러일으킨다. 야놀자의 타깃인 젊은 층이 '여행 간다'라고 하지 않고 '놀러 간다'고 말하는 데서 브랜드 네임을 착안했다. '놀자'라는 말은 여행과 달리 따로 준비가 필요 없어, 즉흥적으로 얼마든지 할 수 있는 말로, 마음의 여유가 없어서 멀리 나가긴 어렵지만, 기분전환이 필요한 지친 일상에서 여행보다 부담 없이 즐길 수 있는 놀이라는 점을 고려했다. 또 하나 이 이름은 놀이에서 '놀거리'라는 의미로 확대할 수 있다. 따라서 숙박업소에만 국한되지 않고 호텔, 펜션, 레저, 티켓 등으로 브랜드 서비스 확장도 가능하다.

'인스타그램'은 자신도 스타가 될 수 있다는 꿈이 담긴 이름이다. 인스타그램은 다른 바이럴 마케팅 채널에 비해서 진입 장벽이 낮고 파급력이 막대해 선택이 아닌 필수가 되었다. 코로나19 이후 '인스타그램'의 사용량은 이전보다 45.1퍼센트 증가했다. 인스타그램은 상대적으로 쉽게 이용할 수 있으며, 해시태그를 통해서 수많은 사람과 소통할 수 있고, 다양한 콘텐츠를 시도할 수 있다. 인스타그램은 상품 판매에도 좋지만, 퍼스널 브랜딩에 유리한 SNS이다. 계정을 운영하면서 일상을 공유하고 소통하며 '나'라는 1인 브랜드 혹은 기업 브랜드 이미지를 수많은 사람에게 전달하는 데 효과적이다. Z세대와 트렌드를 겨냥한 듯 기업들도 독특한 네이밍으로 화제된 연예인의 아이디를 패러디해 관심을 모았던 사례가 있다.

커머스 플랫폼 '29cm'는 사람과 사람 사이의 가장 적당한 간격이 29센티미터라고 해서 붙인 이름이다. 가깝다고 해서 간섭받고 싶어 하지 않는 현대인의 라이프 스타일을 잘 드러내 보여 준다. 하지만 성공한 이후엔 좀 더 광의적이고 의욕적 의

미를 담아 '커머스 미디어Commerce Media'라는 뜻으로 재정의
했다. 이렇듯 상황에 따라, 같은 이름이라도 처음과 다른 이름
의 의미를 부여하기도 한다.

또 다른 패션 플랫폼 '지그재그'는 처음엔 이름에 많은 관심을
기울이지 않았지만, 광고 모델 윤여정 배우의 '왔다 갔다 하며
사는 거지'라는 말 한마디에 비로소 소비자가 '지그재그'가
의도하는 바를 인식하게 됐다. 소비자 관점에서 그들의 자유
분방한 라이프 스타일을 담은 의미를 영리하게 가져와 브랜드
의 개성 있는 이야기로 만든 것이다.

'캐비지 앤 콘돔Cabbages and Condom'은 태국에 있는 이색 식당
이다. 이 식당은 방콕과 파타야를 비롯해 다른 지역에도 지점
이 있다. 식당 안으로 들어가 주변을 둘러보면 마네킹이 입고
있는 옷부터 시작해서 테이블 위에 놓인 꽃병, 천장 조명까지
모두 콘돔으로 만들어져 있다. 식당 이름을 처음 들어보는 사
람들은 이름을 듣고 당황해할 수도 있고, 그저 재미로 만들어
진 테마 식당이라고 생각할 수 있다. 실제로 블로그 글들을 찾
아보면, 많은 사람이 왜 식당 이름이 '캐비지 앤 콘돔'인지 모
른 채 방문했다고 한다. '캐비지 앤 콘돔'의 대표가 식당의 이
름을 이렇게 지은 데는 특별한 이유가 있다. 에이즈 같은 성병

이 창궐하던 시기에 콘돔을 양배추처럼 이용하자는 취지와 피임에 대한 사회적 논의를 제고하자는 의도에서 지어진 이름이다. 식당의 모든 인테리어 소품을 콘돔으로 꾸몄지만, 가족과 가기에 적합하지 않다고 생각하거나 음식과 서비스의 질이 떨어질 것으로 생각하는 사람은 거의 없다. 그들의 철학이 널리 알려졌기 때문이다. 분위기 좋은 여타의 레스토랑처럼 잔잔한 음악과 다양한 태국 음식을 경험하고 맛볼 수 있는 근사한 음식점이다. 매우 독특하고 강한 임팩트가 있으며, 기억에 오래 남고 발음하기도 쉽다는 점에서 잘 지은 식당 이름이다.

영화 〈인스턴트 패밀리Instant Family〉는 입양 가족을 소재로 한 코미디 영화다. 숀 앤더슨 감독의 실화를 소재로 한 영화로 한 부부가 세 아이를 입양하면서 겪는 문제들과 가족, 개인으로서 성장하는 내용을 담고 있다. 일종의 '가족의 탄생'이다. 인스턴트 푸드처럼 등장인물들이 서로에게 해만 끼치고 부정적 영향만 주고받으나, 서로의 진심을 알게 되고 다름을 인정함으로써 행복을 찾아간다는 메시지를 성공적으로 전달하고 있다. 영화의 내용과 메시지를 효과적으로 담아낸 제목이다.

타라 설리번의 『나는 초콜릿의 달콤함을 모릅니다』라는 제목의 책을 보자. 제목 자체로 호기심을 유도한다. 초콜릿이 모두에게 달콤함을 선사해 준다는 고정관념을 깨뜨리고 이 책은 저개발국 아동들에 대한 노동 착취와 폭력의 메시지를 전달하는 소설이다. 거창하거나 심각한 용어를 빌리지 않으면서 메시지를 극대화하는 잘 지은 제목이다.

'농심 누룽Z'. 누룽지는 어른이 선호하는 식품이고 분주한 현대인들의 간단한 요깃거리다. MZ세대들과는 어울리지 않는 식품인 누룽지를 '누룽Z'로 표기함으로써 MZ세대를 위한 식품으로 변신에 성공했다.

다이어트 식품 '꼬박꼬밥', 다이어트에 대한 관심은 남녀노소 불문이 되었다. 그에 발맞추어 최근 다이어트 쉐이크 네이밍도 트렌디하게 바뀌었다. 이전엔 '허벌라이프' '뉴트리 디데이'처럼 브랜드 명 그대로 썼다면 최근에는 짧으면서도 중의적인 비유를 이용한 재미있는 이름이 자주 쓰인다.

'따릉이'는 무인 공공자전거 대여 서비스 앱이다. 시민들에게 친근감 있게 다가가기 위해 의성어를 활용해 이름으로 사용한 경우다.

'말해보카'는 영어 단어를 말하면서 공부하는 앱이다. 단어라는 뜻을 가진 'voca' 접두어를 써서 '말해 볼까?'로 이름을 지어 사람들의 기억에 강하게 남았다.

'meal°'는 '밀도'라는 빵집 이름이다. 간결해서 눈에 띄고 기억하기 쉽지만, 빵집의 의미도 온전히 담겨 있다. 'meal'은 식사를 의미하고, '°'는 온도를 의미하는 기호다. 빵을 만드는 과정이 수학처럼 정확하게 예정대로 진행된다는 신뢰까지 얻을 수 있다. 또 디자인 측면에서 시각적으로 특별한 느낌을 받을 수 있고 가게의 독특함도 더할 수 있다.

영화 〈무간도無間道〉는 경찰과 범죄조직이 각각 상대 진영에 잠입해 신분이 드러날 뻔한 두 사람이 상대방을 찾아내 위험에서 빠져나가려는 내용을 담은 홍콩 액션 스릴러다. 사람이 고통에서 벗어나 해탈에 도달하려면 가행도, 무간도, 해탈도, 승진도 네 가지 과정을 거쳐야 한다. 이 중에서 '무간도'는 불경에서 전하는 8개의 지옥 중 가장 고통스러운 지옥을 뜻한다. 범죄의 세계 속에서는 누구도 무간지옥에서 벗어날 수 없다는 강렬한 메시지를 전달하는 제목이다.

옷 브랜드 'K2'는 '하이크 에어 3.1 재킷' '코발트 독도 패딩' 같은 제품을 출시했다. 한국의 역사적 사건을 연상하는 이름들을 사용함으로써, 사람들이 3·1운동, 독도 문제에 관해 다시 집중하게 했다. 이처럼 특정 지역이 주는 느낌을 통해 지역명을 브랜드 명에 넣어볼 수도 있다. 춘천 하면 '닭갈비', 강릉

하면 '경포대'가 떠오르듯 특정 지역들은 이름을 들으면 떠오르는 제품이나 장소가 있다. 지역명들이 상기해 주는 이미지를 살려 브랜드 명, 이름에 사용함으로써 사람들의 기억에 오래 남을 수 있다.

'제주삼다수'는 한라산의 깨끗한 물로 생수를 공급한다는 점을 강조하기 위해 제주도 지역명을 그대로 제품 이름으로 사용했다. 제주도 하면 깨끗한 물과 한라산이 떠오른다는 점, '삼다도'라고 불리는 제주의 특성을 명료하게 활용함으로써 전달력과 기억력을 확장했다. 분명 매출에 크게 기여했을 것이다. '파리바게뜨'는 빵의 대명사로 통하는 도시와 빵 이름의 조합이다. 누구나 빵 하면 파리를 떠올리고 프랑스의 빵 하면 바게트를 떠올린다. 빵을 좋아하는 소비자들은 자연스럽게 '파리바게뜨'의 이미지를 긍정적으로 받아들이고 매장을 자주 방문하게 된다. 지역명만 잘 활용해서 브랜드 명, 이름을 제작하면 사람들이 쉽게 브랜드를 인지하고 호감을 느끼게 만들 수 있다.

'맘스터치 Moms Touch'라는 이름은 말 그대로 '엄마의 손길'을 뜻한다. 여기 음식은 엄마의 손길처럼 진심이 담긴 음식이라는 것을 소비자들에게 전한다. 엄마가 해 주신 음식을 떠올리면 안심되고 건강해질 것처럼 느껴진다.

상징하거나

많은 브랜드가 보다 획기적인 명칭을 활용해 소비자들의 마음속에 깊이 자리 잡으려 노력한다. 이 작명법은 제품이나 서비스와 연관된 이미지나 기호를 추상적이고 감각적인 기호를 활용해서 만드는 방식이다. 소비자에게 성공적으로 궁금증을 유발해 낸다면 길게 봐서 더 좋은 효과를 얻을 수 있다.

〈너의 췌장을 먹고 싶어 君の膵臓をたべたい〉는 2017년 공개된 일본의 청춘 로맨스 영화다. 괴악한 제목을 보고 놀란 사람들이 많다. '공포물이 아닐까?' 하는 생각이 들 정도로 제목이 큰 이슈가 되었다. 하지만 이는 생각보다 단순한 의미로 '어떤 특정 부위가 건강하지 못한 사람이 다른 동물의 그 부위를 먹으면 건강해진다는 속설과 미신을 바탕으로 먹은 상대의 마음속에 영원히 살 수 있다는 믿음'의 드라마가 들어 있다. 알고보면 당신을 사랑한다는 고백보다 더 큰 숭고하고 진지한 사랑의 독백이다. 제목을 처음 접했을 때는 혐오감이 들 수 있지만, 뜻을 알고 난 후에는 오히려 뇌리에 깊이 남아 있는 좋은 제목의 예시다.

〈기생충〉은 다 알듯이 아카데미 시상식에서 작품상을 수상한 대한민국의 블랙 코미디 영화다. 이 영화는 기생충이 한 마리도 나오지 않지만, 있는 자들에게 기대어 그들이 나눠 주는 부스러기를 얻어먹고 살아가는 빈민층을 '기생충'이라는 제목으로 상징한 영화다. 사람을 기생충으로 비유한 데는 윤리적으로 문제가 될 수 있을지 모르겠으나 의미 전달에 성공했고, 영화 제목으로 관객에게 흥미를 끌어낸 점을 고려한다면 성공한 제목이다.

종로의 와인바 '언코르크드uncorked', 마개를 따지 않아 고객을 기다린다는 의미를 암시하는 이곳의 간판은 와인바에 어울리게 아담한 A4 사이즈로 달려 있다. 을지로의 피자가게 '밀란Milan'의 간판도 흑백의 로고 마크로 처리되어 뭔가 고급스럽고 현대적인 느낌을 전달한다. 전통적인 간판과 비교했을 때, 이 둘 모두 매우 작고 알아보기 힘든 형태다. '연결 속 단절'을 추구하는 신세대의 특성과 와인바와 피자가게라는 제품의 특성을 잘 잡아냈다.

'누가 이름을 함부로 짓는가', 간판 이름에서 알 수 있듯이 이곳은 작명소다. 작명소답게 재치 있는 말투를 사용해 고객의 호기심을 끈다. 잘 지은 간판 이름은 사람들이 기억하기도 쉽고, 가게의 이미지와 매출에도 긍정적 영향을 줄 수 있다. 간판 이름은 가게가 무엇을 판매하는지 쉽게 알 수 있게 해야, 고객의 접근성과 신뢰성을 높일 수 있다. 간판의 이름도 그렇지만 그 이름의 표현 방식도 시대에 맞춰 변화해야 한다. 폰트, 디자인, 소재 등에 따라 다른 분위기를 풍기므로 고객의 감성과 취향을 자극할 수 있는 간판을 만들어야 한다.

라이프 스타일 브랜드 '살미달라', 패션 브랜드다. 그 이름에는 그들의 경영철학이 담겨 있다. 왜 브랜드 명을 '살미달라'로 지었냐는 질문에 브랜드 디렉터 정의형 씨는 의류뿐만 아니라 라이프 스타일 전반을 아우르는 브랜드를 기획했으며, 옷을 입은 사람들의 '삶이 달라'졌으면 하는 마음을 담아 지었다고 밝혔다. 옷은 삶의 중요한 도구이자 자아의 표현수단이다. 그들은 의류에서 확장해 라이프 스타일 브랜드로 거듭나고 있다. 향후 '살미달라'라는 이름으로 복합문화공간 등을 만들고 싶다며, 브랜드 명에 담긴 자신들의 정체성을 드러냈다.

사진관 '시현하다'는 '나타내 보이다'라는 사전적 의미도 있지만, 브랜드 창립자 김시현의 이름을 그대로 써서 카메라 앞에 있는 고객 자신을 자연스럽게 드러내겠다는 약속을 전하고 있다. "누구나 고유의 색이 있다"라는 슬로건을 통해 보편적 기준이 아닌 자신만의 고유한 개성과 이야기를 사진 속에 담겠다는 의욕을 깔끔하고 단정하게 내보인다. 이름답게 그들은 최소한의 포토샵 보정으로 최대한의 고유한 매력을 남겨 소비자들에 큰 사랑을 받는다. 한 장의 사진 안에 가장 본인다운 순간을 담겠다는 철학으로 꾸밈없는 삶의 기록을 제공하는 브랜드만의 정체성을 이름 속에 녹여냈다.

판타지 만화 〈페어리테일 Fairy tail〉은 만화책, 애니메이션, 게임, 극장판까지 출품된 유명한 작품이다. 동화를 뜻하는 동음이의어 'Fairy tale'의 의미도 있지만, 정확하게는 '요정의 꼬리'라는 뜻이다. '요정에겐 꼬리가 있을까? 아니 요정은 있기나 한 걸까?' 하는 수수께끼를 풀기 위해 모험을 떠난다는 스토리와 만화의 정체성이 잘 드러나는 이름이다.

'마켓컬리'는 밤 11시 전에 주문하면 새벽 7시 전에 도착하는 새벽배송 시장을 개척한 선두자로, 배송 하면 떠오르는 대표적인 e커머스 브랜드다. 하지만 경쟁업체의 새벽배송 서비스 도입이 늘면서 '마켓컬리'의 입지가 다소 흔들렸다. 그러자 마켓컬리는 '샛별배송'이라는 서비스 명을 통해, 마켓컬리만의 고유한 배송 서비스로 입지를 다지고 있다.

'GS25 편의점', 이 이름을 보고 머릿속에 떠오르는 것은 24시간 운영된다는 점이다. 24 숫자를 편의점 이름에 넣어 편의점을 상징하려고 하는 경우가 많다. 하지만 'GS25' 편의점의 경우 24에 1을 더한 25라는 숫자를 사용해서 궁금증을 유발했다. GS리테일에 따르면 'GS25'의 숫자 '25'에는 24시간에 1시간의 서비스를 더해 24시간보다 더 큰 가치를 전달한다는 약속이 담겨 있다.

tvN 드라마 〈나의 아저씨〉는 첫 방송 전부터, 작품 이름 때문에 롤리타 콤플렉스 논란에 휩싸였다. 삶의 무게를 버티며 살아가는 아저씨 삼 형제와 거칠게 살아온 한 여성이 서로를 통해 삶을 치유하게 되는 이야기를 '나의 아저씨'라는 이름으로 받아내기에는 역부족이었다. 사람들은 '나의'라는 말에서 내 남자, 내 연인이라는 뜻을 연상하기도 했다. 탄탄한 시나리오와 연기력으로 초기의 부정적 연상을 극복하고 높은 시청률을 기록하며 유종의 미를 거두었다.

화장품 브랜드인 '이니스프리'는 길거리에 자주 보이는 브랜드다. '이니스프리'라는 단어와 초록색이 주는 색감에서 휴식과 자연주의적 느낌이 물씬 느껴진다. '이니스프리Innisfree'는 아일랜드 출신 시인 예이츠의 시어에서 유래했으며, '자유의 섬'이라는 의미가 담겨 있다. '이니스프리'는 자연 속에서 자유로운 휴식, 자연과 조화로운 아름다움을 추구하는 브랜드 전략에 걸맞은 시적 단어를 사용한 것이다. 대부분 브랜드 명이 1~4음절을 사용할 만큼 짧다. 이니스프리는 '아시아 No.1 자연주의 브랜드'라는 브랜드의 정체성을 지키고자 다소 긴 이름을 채택했다. 최근 이니스프리가 섬을 의미하는 'innis'와 자유를 뜻하는 'free'의 의미를 가진 이니스프리 철학을 선언해서 '이니스프리'라는 이름의 개념을 확장했다. 기존 'Innisfree'에서 'InnISFree'로 로고도 함께 바꾸었다. 이에 따른 새로운 슬로건은 그들의 구체적 상징물인 섬을 강조해서 "Effective, Nature-Powered Skincare Discovered from the Island"로 정하고 'The New Isle(새로운 섬)'을 구체적 콘셉트로 내세우고 있다. 제품의 원료가 살아 숨 쉬는 신비롭고 액티브한 섬으로 제주에 집중되었던 브랜드 스토리를 확장한 것이다. 광고를 보면 섬을 따로 또는 함께 어우러지는 자유의 섬, '이니스프리'를 만나 건강하고 아름다운 나로서 완전해진다는 메시지를 통해 역동적이고 생동감 넘치는 이미지로 재탄생시켰다는 평가다.

'북극곰의 눈물', 맑고 깨끗한 북극에 사는 북극곰과 맑고 청아한 술 사케의 이미지는 지구온난화로 환경 문제에 관심이 많은 현대인의 감성을 건드린다. 일본의 대표 사케 '간바레 오토상'처럼 술과는 전혀 관련이 없어 보이지만, 술과 연결 짓는 스토리텔링으로 소비자들의 이목을 집중시킨다. '힘내세요, 아버지!'라는 의미는 주당들 누구에게나 호감 갈 만한 스토리다.

'애플Apple'은 단순하지만 재미있고, 활기차고, 위협적이지 않아서 스티브 잡스가 직접 선택한 이름이다. 1997년 스티브 잡스가 '애플'로 복귀 후 애플의 브랜드 콘셉트를 새로 정립하는데 이때 브랜드 슬로건이 'Think Different'다. 사실 'Think Different'는 어법에 맞지 않아 'Think Differently'가 되어야 하지만, 익숙한 단어를 새롭게 느껴지도록 광고적 어법을 쓴 것이 오늘날의 '애플'을 만들었다. 이런 과감한 시도는 '아디다스'의 'Impossible is nothing'도 마찬가지다. 애플을 애플답게 하는 또 다른 힘은 단순함이다. 스티브 잡스는 '심플 스틱Simple Stick'이라는 경영원칙을 통해 애플의 제품, 디자인, 마케팅, 광고 등 모든 요소에 단순함을 추구했다. 실제로 제품 개발에도 단순함을 적용한다. 제품군을 검색하기 쉽게 단순한 경로로 제공한다. 애플의 웹사이트에 들어가면 맥북 에어와 맥북 프로 두 가지 모델이 있다. 둘 중 하나를 선택한 후 원하는 스크린의 크기를 정하고, 원하는 CPU와 GPU, 메모리, 하드디스크를 선택하면 끝난다. 사람들은 애플의 제품이 혁신적이고, 단순하기 때문에 구입하지만 이것 외에 애플을 구입하려는 이유 중 하나로 이러한 단순하고 혁신적인 '구매 경험'이 한몫한다. 애플의 네이밍은 제품이나 아이디어의 장점을 상징하는 단순하고 강한 이미지를 활용해 고객의 뇌리에 깊은 인상을 남긴다. 애플에서 다른 제품군 네이밍의 시작은 'i'로 '나의 애플'로 인식된다. 애플의 '아이맥iMac'에서 '매킨토시'를 '맥'으로 줄여 부르고, 'i'는 인터넷internet에 접속할 수 있는 의미와 혁신innovation, 지적intelligent의 앞글자를 딴 것이기도 하고 개인individual이나 상상imagination을 상징할 수도 있다. 이걸 이용해서 '아이팟' '아이폰' '아이튠즈' '아이클라우드' 등으로 제품군의 수평적 확장을 시도해서 시너지를 이룬다. 이와 달리 애플 컴퓨터에는 모두 '맥'이 붙는다. '아이맥' '맥 프로' '맥북 에어' '맥북 프로' 같은 식으로 이름을 지어 수직적 시너지를 만들어 낸다. 이러한 단순함과 일관성의 네이밍은 주요 제품군에 공통으로 적용되기 때문에, 현재의 고객뿐 아니라 잠재 고객도 쉽게 이해할 수 있다.

롯데리아 'AZ 버거'는 햄버거의 모든 것을 하나의 버거에 담았다는 뜻이다. 재미있는 이름은 사람들의 입과 스마트폰의 카톡 속에서 소문을 만든다. 'AZ 버거'는 '아재 버거'라고 불리며 '아재 입맛에 잘 맞는 햄버거', '아주 제대로 만든 햄버거의 줄임말' 등 다양한 해석을 만들어 냈다. 롯데리아 측은 '아재 버거'라고 부르는 것을 의도했으며, 그에 따른 다양한 추측과 관심을 예상했다고 한다. 롯데리아가 당시 트렌드를 잘 읽어 일명 아재 개그 즉, 부장님 개그가 다시 한번 주목받고 젊은 세대들에게까지 인기 있는 말장난으로 자리 잡았던 시기라 이를 재미 요소로 적용한 것이다. 'AZ 버거'는 시그니처 햄버거로 소비자들에게 소개하기 위해 출시된 햄버거가 아니라 일시적으로 출시한 한정판 햄버거다. 한정판이니까 이런 아이디어가 실현되었을 것이다. 아재의 이미지는 시간이 지날수록 오히려 뒤처진 느낌을 줄 수 있기 때문이다. 트렌드의 흐름, 흥미를 유발하는 다양한 뜻과 센스 등 다양한 요소가 'AZ 버거'를 빛나게 해 준 것이다. 처음부터 '아재 버거'라는 이름으로 출시했다면, 전하고자 하는 촌스러운 느낌으로 화제성과 구매 욕구가 크지 않았을 것이다.

〈흔들리는 꽃들 속에서 네 샴푸 향이 느껴진 거야〉(작사 작곡: 장범준), 이 제목은 노래의 가사를 대중에게 자세히 전달하며,

사람들이 이름에서부터 노래에 담긴 강렬한 감정과 메시지를 감각적으로 느낄 수 있다. '샴푸 향'이라는 단어는 통감 기법을 사용해 제목만 봐도 어떤 특별한 향기를 연상해 특정 순간을 떠올리게 할 수 있다. 이름을 통해 감정과 감성을 불러일으키는 인상적인 제목이다. 샴푸 향 같은 단어는 너무 인상적이어서 긴 노래 제목을 모두 기억하지 못하더라도 '그 샴푸 노래' 혹은 '이름이 엄청나게 긴 노래'라고 기억 요소로 작용해서 노래를 전파하는 데 긍정적인 영향을 미친다. 잔나비의 〈사랑하긴 했었나요 스쳐가는 인연이었나요 짧지 않은 우리 함께하는 시간들이 자꾸 내 마음을 가둬두네〉처럼 엄청나게 긴 제목이 오히려 사람들의 관심을 끌어 입소문에 도움을 줄 수 있다.

커피 전문점 '블루보틀', 이름 그대로 블루 컬러의 병을 사용해 커피를 제공하고 있다. 이 병은 수제 커피를 저장하고 유통하는 데 사용된다. 블루 컬러는 차분하고 진실한 느낌을 주는 색상으로, 블루보틀이 추구하는 브랜드 가치와 철학과 일치한다. '블루보틀'이라는 이름은 간결하면서도 기억하기 쉬운 단어들이다. '블루보틀'은 '카페'나 '커피'라는 단어를 사용하지 않았다. 대신 'Bottle'이라는 단어를 통해 '커피를 담는 병'이라는 뜻을 나타내 사람들의 인식 속에서 커피와 파란 병을 연결해 고품질의 프리미엄 커피와 지속 가능한 커피 문화를 추구한다.

'기분꽃같네', 이 이름은 꽃집인 것을 직접적으로 표현하면서도 꽃의 의미를 중의적으로 유니크하게 전달한다. 도시 곳곳에 꽃집이 있다. 꽃은 아름다움의 상징이고, 꽃과 같은 기분이라면 향기 나는 세상이 될 것이다. 이 집을 지나가다 보면 꽃을 든 남자가 되고 싶은 욕구도 따라올 것이다.

『먼작귀(먼가 작고 귀여운 녀석)』, 농담곰으로 유명한 일본의 크리에이터 나가노 작가가 만든 만화의 제목이다. 축약어로 회자되는 이 만화에는 앙증맞은 캐릭터가 등장하는데, 2등신의 비율과 귀여운 얼굴을 가진 주인공의 외모와 이 만화의 제목이 맞아떨어져 독자들에게 잊을 수 없는 이름이 되었다. 이름 자체도 발음하기 쉬운 글자들로 이루어져 있다.

'청춘 종합 어시장', 횟집의 이름이다. 젊고 새로우면 환영받는 세상이다. 게다가 '청춘'이라는 단어에 걸맞게 '이것이 청춘의 맛이다'라는 슬로건도 함께 쓰고 있다. '첫사랑보다 달콤'이라는 슬로건이 적힌 곳에서는 사과를 파는 할머니가 있었다. 이 두 슬로건의 특징은 상품의 구체성이 인간의 추상적 개념과 연결되어 새로운 의미를 주는 점이다. 물고기와 '청춘', 사과와 '첫사랑'은 상관없는 것들이지만 창의적이고 멋진 분위기를 드러내며 호기심을 유도한다.

넷플릭스 영화 〈스마트폰을 떨어뜨렸을 뿐인데〉, 한 여성이 스마트폰을 떨어뜨린 후 폰에 있는 개인정보가 유출되어 범죄에 휘말리는 스릴러 영화다. 제목이 '폰'이나 '스마트폰'이었다면 전혀 특색 있지 않았을 것이다. 완성되지 않은 문장을 브랜드 네임으로 설정해 앞으로 어떤 사건이 일어날지 궁금하게 만든다. 궁금증을 유발하는 브랜드 네임은 관련 정보를 더 찾아보게 하는 행동까지 이끌어 낸다는 점에서 감수성의 시대에 걸맞은 작명이다.

'안녕, 낯선사람', 서울시 마포구 서교동에서 오픈한 감성 카페다. 카페는 휴식과 대화를 즐길 수 있는 공간이자 독서, 노트북 작업, 스터디 또는 만남 등 다양한 목적으로 찾는다. 카페마다 다양한 인테리어와 분위기를 갖추었으며, 어떤 카페는 유니크하고 현대적인 분위기로 창의적인 아이디어를 떠올리는 데 도움을 주거나 새로운 경험, 만남을 추구하는 사람들을 위해 존재하기도 한다. 다양하고 아기자기한 소품, 밝은 조명, 예쁜 꽃이나 가구로 로맨틱하고 아늑한 분위기를 연출해서 데이트를 즐기는 연인들의 기념일이나 특별한 이벤트를 하는 공간이 될 수도 있고, MZ세대에게 인기를 끄는 인스타 감성 카페도 있다. 이런 카페는 주로 사진 찍기 좋은 환경, 큰 거울, 또는 비주얼이 특이한 음료수 및 디저트로 SNS에 포스팅하기 좋은 분위기를 갖추었다. '안녕, 낯선사람'은 영어로 'Hello, Strangers'라는 의미만 봐도 만남과 이야기를 하고 들어주는 편안하고 느긋한 분위기를 갖춘 카페다. 인테리어는 복잡하지 않고 심플한 우드 소재를 많이 사용하고 내부는 주로 소파와 편안한 의자로 구성되어 있고, 전체 조명도 따뜻한 노란색 조명이라 집 같은 편안함이 느껴진다. 카페 안에는 혼자 작업하는 사람이거나 이야기를 나누는 사람들이 대부분이다. 인기 많은 핫플레이스보다 카페 이름처럼 사람들과 만나서 소소한 이야기를 하면서 쉬는 동네 카페 느낌을 연출한다.

망원동 '어글리베이커리', '외모지상주의'가 심한 요즘 시대는 사람뿐 아니라 가구 인테리어와 음식 비주얼, 포장까지도 중요하게 생각한다. 최근에 대형 베이커리 카페에 가보면 베이커리를 종류별이나 색깔별로 분류해서 1층 가운데에 진열해 고객의 한눈에 들어오게 많이, 다양하게 예쁘게 꾸민다. 사진을 찍어 올려달라는 의미다. 이와 달리 '어글리베이커리'는 테이크아웃만 가능한 작은 빵집이다. 평범한 진열장에서 빵을 쌓아 놓고 판매한다. 특별한 인테리어로 분위기를 연출하지 않고, 예쁜 빵이 있는 것도 아닌 점이 오히려 특별함을 만들었다. 오픈하고 나서 늘 꾸준한 인기를 얻고 있으며, 주말이나 공휴일에 가면 늘 줄을 서서 기다려야 먹을 수 있다. 가게에서 주로 많이 판매하는 빵은 다양한 크림빵이다. 동그랗고 평범한 비주얼에 한 입만 먹으면 바로 크림이 있는 부분에 닿는다. 밀가루보다 속 재료가 더 많다. 거의 모든 빵이 다 속이 꽉 찰 만큼 재료가 풍부하다. 비주얼은 놀랍지만, 맛은 평범한 디저트가 대부분이라면 어글리베이커리는 반대다. 일시적인 비주얼보다 맛에 집중해서 '맛이 중요하니까 비주얼 따위에 신경을 쓸 시간이 없다'라는 생각을 고객들한테 간접적으로 전하고 있다. 동네에서 흔히 볼 수 있는 프랜차이즈 베이커리든 인기 많은 베이커리 커피이든 차별화되어야 사람들이 줄을 서서 기다린다. '어글리'라는 이름은 역발상적 판매전략이 숨어 있는 네이밍이다.

충청북도 제천 '두꺼비식당'은 제천에서 모르는 사람이 없는 유명한 등갈비 맛집이다. 이름은 '두꺼비식당'이지만 두꺼비와 연관이 있는 것은 돼지 등 위에 두꺼비가 올라타 있는 로고뿐이다. 매콤한 등갈비와 곤드레밥으로 유명한 집은 제천 말고도 전국에 퍼져 있다. 이러한 갈비찜 가게는 통상 '○○○매운갈비찜', '원조○○○갈비찜'으로 짓는 걸 보면 감수성 시대의 작명법은 연관성보다는 독특함이 우선이다.

제주시 구좌읍의 감성카페 '카페모알보알'은 내부에 알록달록한 인테리어와 앉아서 바다의 전경을 그대로 볼 수 있는 조합으로 이 카페에 있으면 마치 동남아 휴양지에 있는 듯한 느낌을 불러일으킨다. 이름 그대로 '모알보알'은 필리핀 세부에 있는 한 지명이다. 2020년 코로나 시기에 오픈한 카페 사장님은 해외여행을 못 가는 사람들의 아쉬움을 해소하고 싶은 생각에 가게를 차렸고 이름도 그렇게 지었다. 코로나 시기에 해외여행이 금지되고 국내 관광 수요가 늘어나자 식당이나 카페는 해외 유명 관광지 콘셉트를 차용하기 시작했다. '청담에 리틀 스페인' '서울에 프랑스' '연남동에 작은 유럽'이란 가게 이름도 프랑스어 단어를 그대로 옮겨 사용했다. 망원동에는 '라뚜셩트'라는 카페가 있는데, '라뚜셩트'는 프랑스어로 '감동적'이라는 뜻의 'La Touchante'에서 따온 것으로 소중한 누군가에게 선물하고 싶은 디저트를 의미한다. 카페 인테리어에서 디저트까지 모두 다 '작은 프랑스'의 느낌이다. 강원도의 양양이나 부산의 송정이 서핑 인구의 증가로 그런 류의 이름을 짓는 것도 마찬가지다. 송정에 있는 '서프홀릭'이나 양양의 '서퍼비치'가 그런 류다.

'꺼꾸잽이 초장집'은 강원도 동해에서 당일 잡은 자연산 횟감을 판매하는 해산물 프랜차이즈다. 자연산 막회가 맛있다고 알려져 대박이 난 집이다. 국내에 여러 지점이 있는데 간판이 뒤집혀야 진짜 '꺼꾸잽이 초장집'이라고 주장하기도 한다. 이름에 제품까지 뒷받침하면 긴 줄이 늘어서는 집이 되는데, 실제로 간판이 거꾸로 달려 있기 때문에 더욱더 눈에 띄어 이름을 돋보이게 한다. 대단히 유니크한 발상의 이름이다. 간판을 매력적으로 만들기 위해서 흔히 다양한 색깔 또는 특정 단어 및 그림, 로고를 확대하는 간판과 달리 아예 거꾸로 달고, 거꾸로 달렸지만 가게 이름을 파악하기는 쉽게 해서 오히려 호기심을 일으킬 수 있다. 이름이 새겨진 간판은 브랜드 이미지의 첫인상이다.

'스킨푸드', 이름 그대로 '맛있는 푸드로 만든 맛있는 화장품'이라는 콘셉트다. 브랜드 명을 봤을 때 '피부+음식'은 무슨 의미가 있을지 호기심을 자극한다. '먹어서 좋은 음식은 피부에도 좋다'는 브랜드 스토리에서 출발해 당근이나 토마토 같은 건강한 푸드로 피부를 아름답게 만들겠다는 브랜드 철학이

소비자의 구매를 유발하기에 좋은 포인트다. '푸드 코스메틱'
이라는 브랜드 콘셉트에 걸맞게, '먹지 마세요, 피부에 양보하
세요'라는 슬로건을 채택했다. 이 이름으로 먹을 수 있을 만큼
순한 화장품이란 의미와 먹는 것보다 피부에 바르는 게 더 중
요하다는 의미까지 연상하게 만들어서, 고객들이 뷰티 제품에
관한 생각을 바꾸는 결정적 역할을 했다.

'젠틀 몬스터Gentle Monster', '선글라스 브랜드인데 이름이 젠
틀 몬스터라니?' 아주 궁금해서 이 브랜드를 검색해 봤다. '젠
틀 몬스터'는 한국의 프리미엄 안경 브랜드다. 'Gentle(부드러
운)'과 이미지가 사나운 'Monster(괴물)'이 대비되어 모순된
것처럼 보이지만 그렇지 않다. 김한국 대표는 'Gentle'은 브랜
드의 단순하고 실용적인 디자인을 드러내고, 'Monster'는 상
부상조하며 충돌하지 않는 독특성에 대한 '젠틀 몬스터'의 확
고한 태도를 전달한다고 설명한 바 있다. 이러한 '젠틀 몬스
터'는 안경 업계에서는 드문 포용성을 주입하고 대담한 시도
에서 매우 독특한 아이템을 많이 만든다. 일상적인 옷차림이
나 특정 장소에서 당신의 요구를 만족할 수 있는 이미지를 전
달하겠다는 철학이 엿보인다.

카페 '당신의 오늘', 이름을 보자마자 '왜 나의 오늘'이라는

생각이 들 수 있다. 카페라면 이해할 수 있다. 소비자들이 오늘의 기분에 따라 음료를 주문할 수 있기 때문이다. 20대, 30대 젊은 소비자 트렌드는 '개별성, 개인성'이다. 자기 기분이 제일 중요하다고 생각하면서 구매 의사를 결정한다. 사람마다 오늘 하루의 기분이 모두 다르다. 게다가 아침과 저녁의 기분도 다를 수 있어서 주문한 음료도 다르다. 이처럼 하루의 기분에 따른 음료로 제공한다는 의미를 담았다.

'하루일과', 겉보기에 '당신의 오늘'과 비슷하지만, '하루일과'는 음식점이다. 이 이름은 두 가지 해석이 가능하다. 음식점이라서 가족이나 친구들이 모일 수 있는 공간이다. 가족이나 친구와 만나서 하루에 일어난 일을 이야기하면서, 음식뿐만 아니라 서로 생활의 재미를 나눌 수 있다. 모임을 통해 어떤 힘이나 위로를 받을 수 있고 스트레스를 풀 수도 있기를 기대하게 한다. 또 다른 해석인 '일과'는 날마다 규칙적으로 하는 일이다. 이 가게를 찾는 것을 마치 일과처럼 규칙적으로 하는 일로 여기라는 세일즈 메시지로, 소비자들의 재방문을 유도하는 뜻도 있다.

카페 '미뉴트 빠삐용', 프랑스어를 잘 모르면 생소해서 뭐 하는 곳인지를 물어보게 된다. '미뉴트 빠삐용'은 세계적으로 사랑받는 프랑스 디저트인 추로스를 전문적으로 파는 디저트 가게로, 프랑스어로 '잠시만 기다려주세요'라는 뜻이다. 이미 많은 사람이 사랑하는 '카멜 커피'와 '노티드 도넛' 브랜드로 알려진 GFFG라는 F&B 기업에서 론칭한 브랜드다. '미뉴트 빠삐용'은 추로스를 '패스트푸드' 개념으로 접근해 사람들에게 빠르고 쉽게 행복함을 제공하겠다는 뜻을 담았다. '미뉴트 빠삐용' 카페는 인테리어에 신경을 많이 써서 실제로 프랑스 영화관에 있는 듯한 느낌을 받는다. 추로스를 픽업하는 창구도 마치 옛날 영화관의 티켓 매표소처럼 생겼다. 스토리텔링을 입혀 사진을 찍어 올리기에도 좋아 요즘 MZ세대들이 좋아하는 레트로한 감성 카페다.

'파파고'는 에스페란토어로 '앵무새'라는 뜻이다. 사람이 한 말을 앵무새가 따라 하는 것처럼, 사람이 한 말을 따라 하고 이를 번역해 주겠다는 의미를 담은 번역 앱에 걸맞은 이름이다. '토스'는 금융 앱이다. '토스'는 원래 운동경기에서 한 선수가 다른 선수에게 공을 넘겨준다는 뜻이다. 마치 공을 넘겨주는 것처럼 돈을 쉽게 이체한다는 의미를 지녀 수퍼 앱을 꿈꾼다.

〈히든 피겨스Hidden Figures〉는 미국 우주 프로그램 초기 NASA에서 중요한 역할을 했던 아프리카계 미국인 여성 수학자 팀을 그린 영화다. 영화 제목은 두 가지 의미가 있다. NASA의 이야기 속에서 역사 속에 감춰지고 잊힌 여성을 일컫는 말이다. 소수자인 여성이 NASA를 위해 수행한 혁신적인 수학 연구에서도 'figures'라는 용어를 사용했다. 제목이 전체 이야기를 요약하는 한편, 이야기의 주제를 동시에 상징한다.

영화 〈비행〉도 두 가지 의미를 담고 있다. '비행飛行'이라는 원래의 뜻과 함께 '잘못된 행동非行'이라는 뜻도 있다. 영화 속엔 문제의 두 청년에게 세상을 제대로 비행하려면 반드시 잘못된 행동, 비행을 자제해야 한다는 대사가 있다. 'N포세대' 청년들이 안고 있는 문제와 스트레스를 이중적 개념의 상징어를 통해 표현하고 있다.

'밀리Mille의 서재'는 '꿀 밀蜜, 마을 리里'의 의미로 많은 책을 편안하게 읽을 수 있는 달콤한 마을이란 뜻이다. 사내에서는 직원들이 자신들을 일컬어 달콤한 마을에서 일하는 사람들이란 뜻도 있다.

III

이름짓기의 두 정석

다양성의 시대에서 살아남으려면
눈에 띄는 강렬한 인상을 던져야 하고,
사람들 머릿속에서 잊히지 않기 위해 명료해야 하며,
본질을 드러내는 '의미'까지 담아내야 한다.

이름의 공식,
적절한 내용에 색다른 형식

크리에이터들은 모두 나름의 작명 비법이 있다. 왕가위 감독도 그렇다. 그의 비법을 살펴보자. 첫째, 대부분 '네 글자'다. 30년 동안 왕가위 감독은 총 10편의 장편 영화를 연출했다. 네 글자는 중국어의 오래되고 안정적인 언어 구조다. 시경에서 밝혔듯이 동주東周 시대부터 선조들이 네 글자로 시를 썼고, 수많은 사자성어를 만들어냈다. 왕가위도 사자 구조를 활용해 중국어 어휘의 가장 견고한 조합을 만들었다. 둘째, 고전적인 중국어 번역 제목을 선호한다. 예를 들어 〈아비정전〉은 모티브를 루쉰의 소설 『아Q정전』에서 가져왔으며, 1950년대 미국

청춘의 아이돌 제임스 딘이 주연한 영화 〈이유 없는 반항Rebel Without A Cause〉의 중국어 제목이기도 하다. 〈아비정전〉은 말 그대로 장국영이 연기한 주인공 '아비'의 일대기다. 두 영화는 모두 공허하고 고독한 청년의 모습을 그리고 있으며, 공교롭게도 제임스 딘과 장국영도 절정의 나이에 허망하게 요절했다. 또 다른 예로 〈해피 투게더〉의 중국어 제목은 '춘광사설春光乍泄'인데, 구름 사이로 살며시 드러난 봄 햇살을 의미하며, 거장 미켈란젤로 안토니오니의 〈욕망Blow-Up〉이라는 영화의 중국어 제목이기도 하다. 안토니오니는 왕가위의 우상 중 한 명이다. 〈화양연화花樣年華〉는 인생의 가장 아름답고 행복한 시절을 의미하지만, 영문 제목은 'In the Mood for Love'이다. 세 번째는 다른 작품의 이름을 자주 인용한다는 것이다. 〈열혈남아〉의 영어 제목은 롤링 스톤스의 명곡 〈As Tears Go By〉를 그대로 사용했다. 〈화양연화〉의 중국어 제목은 1946년에 개봉한 홍콩 영화 〈장상사長相思〉의 OST인 〈화양적연화花樣的年華〉에서 따왔다. 영문 제목 'In the Mood for Love'는 브라이언 페리의 노래 〈I'm in the Mood for Love〉에서 따온 것이며, 〈해피 투게더〉의 후반부에 흐르는 〈Happy Together〉는 터틀즈의 곡명이기도 하다. 또한 〈열혈남아〉는 한국어 제목이고 영화의 원제는 〈몽콕카먼旺角卡門〉이다. '몽콕'은 홍콩의 지역명이고, '카먼'은 프랑스 작가 프로스페르 메리메의 소설 『카르멘』을 의미한다. 『카르멘』은 후에 오페라로 각색되어 유명해졌다.

모든 명사는 이름이다. 왕가위 감독뿐 아니라 세상에는 자기 자신을 드러내고 사람들의 관심을 원하는 수많은 사람이 수많은 이름을 만들어 낸다. 그 안에서 살아남으려면 눈에 띄는 강렬한 인상을 던져야 하고, 사람들 머릿속에서 잊히지 않기 위해 명료해야 하며, 본질을 드러내는 '의미'까지 담아내야 한다. 무심한 듯 쿨하게 지어지는 이름들을 보면 대충 지은 듯하지만, 사실 수많은 선택지 중에서 어렵게 지어낸 이름이다. 그들은 어떤 방법으로 이름을 지었을까?

형식적 관점

형식과 내용으로 나누어 살펴보자. 두 가지 방법이 있다. 먼저 형식적 관점이다. 사칙연산과 같은 단순한 원리를 적용한 방법이다.

1. 단어 그대로

유명 브랜드 네이밍의 50퍼센트 이상은 단어 그대로 사용했다. 직접적이고 소박한 네이밍이 오히려 강한 임팩트를 주는 경우도 많다. '애플' '크라운' 같은 것들이다.

2. 더하기

단어 2개를 조합해 네이밍하는 방법이다. 어떻게 결합하는지에 따라 의미가 달라진다. '또오리'는 명륜동에 있는 오리요리 가게 이름이다. '또'와 '오리'가 결합한 형태로, 여러 의미로 해석될 수 있다. '오리고기'를 먹는다는 의미가 될 수도 있고, '다시 오라'는 재방문의 의미로도 해석이 가능하다. 오리요리 가게임을 어필하면서도, 유머와 재치를 잘 녹인 좋은 사례다. 우리말과 한자와 영어를 섞어서 만들기도 한다. '토마토'와 '저축은행'을 더한 '토마토 저축은행' 등이다.

3. 빼기

본래 키워드에서 꼬리를 자르는 방법이다. 단어 하나에서 필요하지 않은 부분을 빼고 사용한다. 꼬리를 자르거나, 머리를 자르거나 몸체를 줄일 수 있다. '카카오톡'을 '카톡'이라고 하고 '디지털카메라'를 '디카'라고 부르는 식이다.

4. 결합하기

단어를 조합하거나 결합하는 방법이다. 'Federal Express'를 '페덱스FedEX'로, 'American Express'를 '아멕스AMEX'로, 'Korea Can Do'라는 의미의 '코란도Korando'로, 'Gore(사람 이름)'와 'textile'을 결합해 '고어텍스Goretex'라는 카테고리 브랜드를 만드는 식이다.

5. 생략하기

2개 이상의 단어를 조합한 뒤 같은 발음을 생략하는 방법이다. 'Bright'와 'Light'를 더한 뒤 중간 음을 생략한 브랜드가 '브라이트Brite'다.

6. 의인화

상품을 의인화해 소비자에게 친밀감을 주는 네이밍 방법이다. 캐릭터화할 수 있는 장점이 있다. '알라딘'과 '파파존스' 같은 브랜드다.

7. 이중 의미

표기에 따라 여러 의미를 지닐 수 있게 하는 네이밍 기법이다. 다양한 마케팅 활동을 펼칠 수 있는 것이 장점이다. '올리브영 Olive Young'은 'All live Young'의 준말이다. 'SSG.com'은 신세계의 영문철자 앞글자인 에스에스지 닷컴을 '쓱'으로 읽게 해 그들의 광고 아이디어로 활용한 말이다.

8. 연음법칙

발음을 보다 편하게 할 수 있고, 시각적 효과를 위한 네이밍 기법이다. 제품을 직접 표현할 수 있는 장점이 있다. '우리 안의 천사'라는 의미를 '엔제리너스Angelinus'로 표기한 '엔제리너스 커피'의 경우다.

9. 첫머리 글자형

'두산 타워'를 '두타'라고 부르듯, 의미를 가진 2개 이상의 단어를 조합하고, 각각의 단어에서 첫 글자만을 골라서 만드는 방식이다. 'International Business Machine'을 'IBM', 'Kentucky Fried Chicken'을 'KFC', 'United Parcel Service'을 'UPS'로 부르는 것과 같다.

의미론적 접근

두 번째는 의미론적 접근이다. 먼저 인명에서 유래된 이름을 보자. 특정 제품이나 브랜드를 만든 이들이 회사를 설립하고 자신의 이름을 이용해 브랜드 이름을 정하는 경우다. '캘빈 클라인Calvin Klein'은 디자이너의 이름에서 유래했다. 그리고 '아디다스Adidas'는 설립자 '아돌프 다슬러Adolf Dassler'의 애칭에서 유래했다. 브랜드 명은 사람의 이름뿐 아니라 지명이나 원료 등에서 유래한 것이 많다. 가장 전형적인 방법인 만큼 좀더 자세히 살펴보자.

1. 지명

사업이 시작된 지역, 본사 또는 공장이 있는 지역의 이름에서 유래한 경우가 많다. 제품과 관련이 있는 지명을 사용하거나 원재료 생산지의 이름을 사용하는 경우도 있다. '제주삼다수'는 제주특별자치도개발공사가 생산하고 광동제약이 판매하는 생수 브랜드다. 제주도와 연관시키고 소비자의 인식 속에 자연 생수의 이미지를 심어 준다. 프랑스의 화산암반수 생수 브랜드의 이름은 생수가 유래한 지역인 프랑스 중부 '볼빅Volvic'

지방에서 따왔다. 모회사에서 분사한 '후지필름Fujifilm'은 당시 도카이도東海道에서 보이는 후지산을 사명으로 하고 싶다는 초대 사장이 지은 이름이다. 지명에서 유래한 브랜드 네임은 소비자에게 그 제품이나 서비스가 특정 지역의 자연, 문화, 역사와 어떻게 연결되었는지를 상기시키며, 더 깊은 감동과 공감을 불러올 수 있다. 이러한 유기적 연결은 소비자들과 브랜드 간의 유대감을 강화하고, 브랜드가 지역사회와 조화를 이루며 발전할 수 있는 지름길이 될 수 있다. '제주감귤' '춘천 원조 닭갈비' '수원 왕갈비 통닭' '강릉 해물짬뽕'처럼 특정 지역에서 관광객을 겨냥한 상품을 브랜드 네이밍해서 누구나 빠르게 인지해 수용할 수 있게 하는 것도 좋은 방법이다. 이런 이름이 성공해서 전파되면 다른 지역에서도 흔히 볼 수 있는 가게 간판 혹은 제품명이 된다.

2. 창시자

브랜드 창시자의 이름을 브랜드 네이밍에 사용하는 것이 가장 간단한 방법일 수 있지만, 제품 특성을 정확하게 설명할 수 없는 단점이 있다. 이름만 보면 무엇인지 명확하게 알 수 없기 때문이다. '루이 비통Louis Vuitton' '에르메스Hermes' '돌체앤가

바나Dolce&Gabbana' '아르마니Armani' '프라다Prada' '이브 생 로랑Yves Saint Laurent' '랄프 로렌Ralph Lauren' '샤넬Chanel' '버버리Burberry' '카를 라거펠트Karl Lagerfeld' '토리 버치Tory Burch' '디즈니Walt Disney' '메르세데스 벤츠Mercedes-Benz' '포드Henry Ford' '쉐보레Louis Chevrolet' '뷰익David Buick' '크라이슬러 Walter Percy Chrysler' '닷지John Dodge&Horace Dodge' '푸조Armand Peugeot' '시트로엥André-Gustave Citroën' '르노Louis Renault' '페라리Enzo Ferrari' '마세라티Alfieri Maserati' '람보르기니Ferruccio Lamborghini' '맥라렌Bruce McLaren' '포르쉐Ferdinand Porsche' '롤스로이스Charles Rolls&Henry Royce' '벤틀리Walter Owen Bentley' 등은 다 창시자의 이름을 그대로 쓴 것이다. '하버드대학교' '김가네' '빽다방'도 마찬가지다.

3. 역사적 유래

'BMW'는 '바이에른 엔진 공업사Bayerische Motoren Werke'의 약자다. 자동차 외에도 항공기, 선박 등에 탑재된 엔진을 만들었던 역사를 생각하면 이해할 수 있는 이름이다. 독일의 상용차 회사 'MAN'도 한국에서는 '만'으로 읽지만, 원래 의미는 '아우크스부르크-뉘른베르크 기계공업Maschinenfabrik Augsburg-

Nürnberg'의 약자다. 독일에서는 '만'이 아닌 '엠아엔'이라는 독일식 알파벳 발음으로 읽는다. '피아트FIAT'는 귀여운 소형차 500으로 유명한 이탈리아의 국민 브랜드로 '이탈리아 토리노 자동차 공장Fabbrica Italiana Automobili Torino'의 약자다. 또 피아트 그룹 산하의 스포츠 프리미엄 브랜드 알파로메오는 '롬바르디아 자동차 공업 주식회사A.L.F.A., Anonima Lombarda Fabbrica Automobili'를 엔지니어이자 사업가였던 니콜라 로메오가 인수하면서 원래 회사명과 이름을 합쳐 지어졌다. '폭스바겐'은 독일의 국민차 브랜드로 한국어로 번역해도 '국민의차'라는 뜻이다. 독일어로 'volks(국민)'과 'wagen(차)'이기 때문인데, 독일의 나치 정권 당시 히틀러가 국민에게 싸게 널리 보급할 차를 만들라고 지시한 배경을 이름에 담았다.

4. 의미의 재창조

단어를 조합해 또 다른 의미를 낳는 이름짓기의 방법이다. '코카콜라Coca-Cola'는 '코카Coca'와 '콜라Cola'가 합쳐진 이름으로, '코카'는 코카인 추출물이 포함됐던 과거의 레시피에서 유래했다. '인스타그램Instagram'은 '순간을 기록하다'를 의미하는 'Instant camera'와 'telegram'에서 영감을 받아 만들어졌다. '엘지LG'는 '럭키금성Lucky Goldstar'의 약어로, '럭키Lucky'와 '금성Goldstar'에서 첫 글자를 따서 만들어진 이름이다. '마이크로소프트Microsoft'는 '마이크로컴퓨터Microcomputer'와 '소프트웨어Software'에서 각각 앞부분을 따서 합성해 만들어진 이름이다. '베스트 웨스턴Best Western'은 '베스트Best'와 '웨스턴Western'을 합쳐서 만들어진 이름으로, 호텔 체인이 서부에서 시작되어 미국 내 전역으로 확장되었다. '페이스북Facebook'은 하버드대학교의 학생 인명록의 이름에서 유래했다는 설이 있다. 마크 주커버그는 하버드대학교 중퇴생이기도 하다. '넷플릭스Netflix'는 '인터넷을 통해 영화를 시청하다'를 의미하는 '넷Net'과 '플릭스Flicks'에서 영감을 받아 만들어졌다. '스카이프Skype'는 '하늘길로 음성을 전송한다'라는 뜻으로, '스카이Sky'와 양방향 파일 전송 시스템을 의미하는 'P2Ppeer-to-peer'를 조합해서 만들어진 이름이다.

5. 어원의 활용

'토요타Toyota'는 창시자의 이름인 '토요다Toyoda, 豊田'에서 'd'를 't'로 바꾸어 만들어진 이름이다. 독일의 스포츠용품 브랜드 '푸마Puma'는 창시자 루돌프 다슬러Rudolph Dassler의 이름을 따서 '루다Ruda'로 불렸으나 이후 야생동물 푸마의 스피드, 힘, 우아함의 의미를 내포한 '푸마Puma'로 브랜드 명을 바꾸었다. '아디다스Adidas'는 창시자 '아돌프 다슬러Adolf Dassler'의 아디Adi라는 애칭과 성씨 'Dassler'의 줄임말 'Das'를 합성해 만들어진 이름이다. 루다(현재의 푸마)와 아디다스는 다슬러 형제가 각자 자신의 이름을 줄여 지은 브랜드다. '우버Uber'는 '위, 최상, 최고'를 뜻하는 독일어 단어 '위버über'에서 영감을 받아 만들어졌다. '유튜브YouTube'는 '텔레비전을 통해 동영상을 전달하다'를 의미하는 '붑 튜브Boob tube'에서 따왔다. '트위터Twitter'는 '지저귀다'를 뜻하는 영어 단어 'twitter'를 그대로 따와 만들었다. '구글Google'은 '10의 100승'을 의미하는 '구골googol'에서 따왔다고 전해지는데, 인터넷상의 방대한 정보를 다루는 검색엔진의 특성과도 맞아떨어진다.

6. 브랜드의 이념, 포부

우리나라에 유독 많은 작명법이다. '현대' '기아' '제네시스' 브랜드도 이런 부류다. 현대는 정주영 회장 당시 자동차를 '현대문명의 가장 큰 꽃은 자동차'로 정의해서 계열사 및 자동차그룹의 이름으로 정했다. 현대자동차그룹 소속인 '기아起亞'

는 '아시아에 우뚝 서다'라는 뜻을 담았다. '제네시스'는 우리 나라 자동차 브랜드의 자존심이자 최고급 브랜드의 위치를 공고히 하고 있다. '제네시스'는 성경 '창세기'를 뜻하는데, 국산 최고급 자동차의 창세기가 되겠다는 포부를 담았다.

IV

퓨즈—
기억과 판매의 도화선

이름 지을 때 반드시 고려해야 할 4개의 키워드가 있다.
재미있고 fun, 독특하며 unique, 이야기가 있고 storytelling,
본질을 담은 essence 이름이 그것이다.
머리글자를 따면 퓨즈 fuse가 된다.

본질을 담되 독특하고 재미있는 스토리로,
이름에 감각과 감정을 담아라

퓨즈를 기억하라!

본론으로 들어가자. 좋은 이름, 팔리는 이름을 짓고 싶은가?
감수성의 시대를 주도해 가는 네이밍 작법 '퓨즈FUSE'를 기억
하라. 퓨즈는 과도한 전류가 흐를 경우 스스로 녹아서 화재를
예방해 주는 장치다. 네이밍에 '퓨즈'를 적용하면 부적절한 이
름을 지어 회사가 망하거나 작품의 가치가 훼손되는 것을 사
전에 차단할 수 있다. 이 네이밍은 디지털 시대의 두 가지 기
준, 즉 간결성의 정도에 따라 함축적인지 아니면 구체적인지

로 나누었다. 또 하나는 상징성의 강도에 따라 상징적인지 아
니면 사실적인지로 나누어 보았다.

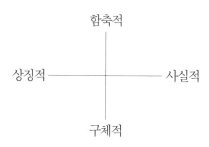

가로축은 이름이 상징적이고 해학적이어서 재미있는지, 아니
면 사실적이어서 쉽게 이해되는지로 나누었다. '피자나라 치
킨공주'는 치킨과 피자를 동화적인 내용으로 표현해서 상징적
이고, 숙박 예약 서비스 앱인 '야놀자'는 말 그대로 함께 놀자
고 권유하는 말로 사실적이다. 세로축의 함축성은 '올리브영All
live young'처럼 의미를 압축한 이름이고, 구체성은 '남해마늘바
사삭'처럼 상품의 특성을 있는 그대로 표현한 경우다. 각각의 조
합을 살펴보자. 함축적이고 사실적인 브랜드 네이밍은 직설적
이고 진실한 느낌을 준다. '엔제리너스' '교촌' '나이키' 'LG'
등이 그렇다. 함축적이고 상징적인 브랜드 네이밍은 젊고 유

연하다. '노랑 통닭' '반올림 피자' '역전할머니 맥주' '서브웨이' 등이 그 예다. 사실적이고 구체적인 네이밍은 업종의 정체성이 쉽게 드러난다. '순이네 곱창' '제일제당' '빽다방' 등이 여기에 해당한다. 마지막으로 상징적이고 구체적인 네이밍은 캐주얼하고 친절한 느낌으로 '김밥천국' '화산마라탕' '불닭볶음면' 등이 있다. 상징성과 함축성을 겸비해 캐주얼하고 신선하거나 상징성과 구체성으로 산뜻하고 쉽게 다가오는 이름들에 주목해 보라.

이런 조합으로 구분하면 이름 지을 때 고려해야 할 4개의 키워드가 보인다. 상징적 이름은 재미있거나 독특하거나 이야기를 품고 있다. 함축성과 구체성은 둘 다 이름의 대상이 갖는 정체성이나 본질을 의미한다. 이것들을 조합해 보라. 재미있고fun, 독특하며unique, 이야기가 있고storytelling, 본질을 담은essence 이름이 된다. 머리글자를 따면 'f·u·s·e'가 된다.

다시 말한다. 재미있고, 독특하며, 이야기가 담겨 있고, 본질을 담아야 한다. 물론 이 네 가지를 모두 포함하지 못하더라도 앞부분에 밝힌 팔리는 이름의 여러 면모 중 더 많은 부분을 포함한다면, 그만큼 좋은 네이밍의 조건이 된다. 사실 제품의 정체성은 시대 불문의 필요조건이다. 이름짓기는 자신의 정체를 드러내려는 의도가 분명한 작업이다. 나머지 3개의 키워드가 이름짓기의 관건이다. 재미와 독특함은 트렌드의 집요한 관찰에서 공통분모를 발견하고 적용하는 과정에서 탄생한다. 트렌드는 변화의 흐름을 포착하고 시대를 체화할 수 있게 해 주는 거대한 파도다. 그 파도에 올라타면 물밑에서는 느낄 수 없는 새로운 세상을 만날 수 있다. 젊은이는 모든 것의 미래다. 그들의 언어적 습성에 주목해야 한다. 스토리텔링은 변하지 않는 본질적 가치를 더욱더 크고 단단하게 만들어 준다. 스토리는 데이터나 정보를 '감성을 자극하는 말'로 치환하는 작업이다. 감성은 사람과 사람을 연결하는 가늘지만 강력한 끈이고 타인에게 내미는 부드러운 손길이다. 꽃을 피우고 언 땅을 녹이는 봄의 전령이다. 도쿄대 의대 명예교수 요로 다케시의 말을 빌리면, "사람은 웃으면서 생각을 바꾸지만 설득되어 생각을 바꾸는 일은 거의 없다." 그의 말처럼 공감의 바탕에는 감성이 있다. 그래서 사람들은 '감성' 카페, '감성' 레스토랑, '감성' 편집숍을 찾고 방문 기록을 인스타그램에 남긴다. 요즘 뜨는 음악 경연 서바이벌 프로그램 〈싱어게인〉이나 연애 서바이벌 〈솔로지옥〉, 피지컬 배틀 〈피지컬 100〉의 작명법을 떠올려 보라. 이름은 특정 대상, 장소, 용도를 기억하는 것을 넘어 다른 사람의 기대감을 충족할 감성적 가치를 지닌 환상적인 무엇이다. 감성은 상상력을 동원한다. 사람들은 대상에 느꼈던 감정, 분위기, 경험을 종합해 '이름'으로 기억한다. 이름을 통해 사람들에게 기대감을 실어 주고, 상상하게 해야 한다. 사례를 통해 머릿속에 '퓨즈FUSE'를 집어넣어 보자.

과감한 시도로 관심을 이끌어라!

일본 아오모리현의 '합격사과'는 태풍 속에서도 휩쓸리지 않고 살아남은 전설의 사과다. 바닥에 떨어지지 않고 남은 사과도 긁히거나 상처가 나서 상품으로서 가치는 떨어졌지만, 태풍을 이겨낸 역발상의 스토리텔링을 담은 '합격사과'는 대입 시장에서 대성공을 이루었다. 태풍을 견뎌내 가지에서 떨어지지 않은 사과를 시험에 떨어지지 않기를 기원하는 마음과 연결 지은 것이다.

'합격사과'와는 반대로 태풍과 폭우로 떨어진 낙과에 '상처받은 사과'라는 이름을 붙인 경우도 있다. 상처 난 사과가 아니라 상처받은 사과라니. 한 번쯤 상처의 경험이 있는 사람이라면 이 사과를 외면하기 힘들 것이다. 상품에 소비자의 감정을 끌어들여 구매를 자극하는 좋은 이름이다.

〈헤어질 결심〉, 헤어짐을 결심해야 할 만큼 누군가를 사랑한다는 역설이 담겨 있다. 미결 사건에 집착하는 남자와 완벽한 사랑을 꿈꾸는 여자의 이야기인데, 완벽하기 위해선 헤어져야 하고 헤어져야 서로의 관계가 미결로 남아 영원해진다. 미결의 상태가 남자에게 '영원한 사랑'으로 남을 수 있는 유일한 방법임을 영화의 제목이 잘 함축한다. 그렇게 둘의 사랑을 미결 상태로 남겨 둠으로써, 역설적으로 영원의 상태로 봉인된다는 의도를 영화의 제목에서 나타낸다. 그 역설과 함의가 유니크하게 영화의 주제를 담고 있다.

〈길복순〉은 〈킬빌〉과 〈존 윅〉 등 청부살인 영화와 결을 같이하는 장르다. 영어 제목 〈Kill bok soon〉처럼 '킬'은 살인을 나타내고, '복순'은 왠지 복수의 뉘앙스를 풍긴다. 아버지에 대한 복수로 살인을 시작하고 자신을 무시한 상관도 죽인다. 죽이고 피비린내 나는 영화의 스토리와 여주인공의 이름을 접목해 인물에 대한 궁금증과 영화의 내용을 동시에 전달한다. '길'을 '킬'로 표현한 유니크함, 죽음과 복수의 내용을 담은 영화의 큰 줄기가 제목에 압축적으로 활용되었다.

'어서오시게'는 게 요리 전문 음식점이다. '어서 오시라'는 환영의 뜻을 담고 '게'라는 음식을 강조한 상호다. 친절한 식당이라는 이미지와 함께 '게'라는 음식의 본질을 강조해 시간이 흘러도 기억에 남기 좋은 이름이다. 경북 칠곡의 꿩 샤브샤브 전문점 '꿩먹고알먹고', 마포의 전집 '하늘전따지', 양꼬치 프랜차이즈 '양치는 아저씨'도 업종과 위트를 결합한 사례다.

'집사의 하루'는 유기묘 보호소 카페로, 입장료는 고양이 보호와 관리에 사용된다. 동물을 보호하는 취지를 감성적으로 담아 친근하게 전달한다. '방문이 기부가 되는 착한 가게'라는 서브 문구는 고양이 보호자의 바람을 스토리에 담아 상상력을 더해 독특하게 전달해 준다.

'네일할고양'은 고양시에 있는 네일숍으로, 고양 스타필드 카피 문구 '언제 올 고양?'이란 발음에서 영감을 받았다. 위치와 업종을 네이밍에 담아 귀엽고 상큼한 느낌을 전달한다. 고객의 기분전환과 즐거움을 상징하는 이름으로, 신선하고 재미있게 기억된다.

'늘푸른 해우소'는 일산문화광장에 있는 공용 화장실로 공공기관에서 관리하지만, 일반적인 공원 화장실과는 차별화된 화장실로 알려져 있다. '해우소'라는 독특한 단어를 사용해 공원 화장실임에도 불구하고, 뭔가 청결하고 산뜻해서 함부로 쓸 수 없겠다는 특별함을 느끼게 한다. 이 네이밍은 관공서와도 어울리며 현대적이고 세련된 이미지를 전해 준다.

'ㅇㅇㅅㅋㄹ'는 아이스크림과 세계의 과자를 판매하는 무인 판매점으로, 초성만을 이용한 함축적이고 재미있는 네이밍이다. 손님의 호기심을 자극하며 기억에 남는 이름으로, 간결함과 독특함을 결합해 축약어를 선호하는 MZ세대에게 부합하는 스타일이다. 눈에 띄고 머릿속을 자극하는 용감한 시도다.

'웨이크메이크Wakemake'는 'Wake Your Color, Make Your Scene'이라는 캐치프레이즈를 기반으로 하는 셀프 프로스타일링 메이크업 화장품 브랜드다. 다양한 컬러 제품을 중시하는 회사로, 네이밍에서는 메이크업이라는 본질에 깨우침을 불어넣는다. 비슷한 단어를 반복해서 발음할 때 재미를 느낄 수 있다. '당신의 컬러를 깨워 장면을 연출하라'라는 메시지는 브랜드와 결합하는 스토리텔링의 제안으로 고객에게 흥미로운 구매 욕구와 감성을 동시에 자극한다.

'돈값하는 도시락'는 돼지고기를 주메뉴로 한 편의점 도시락이다. 효용과 가치라는 의미의 '돈Money'과 주재료인 '돼지고기Pork'의 의미를 동시에 전달하는 재미있는 이름이다. 또 '돈값하는'이라는 표현에는 돼지고기의 가격을 합리적이고 가성비 높게 적용했다는 뜻도 내포한다. 일반적으로 쓰이는 '꼴값 한다'라는 말의 부정적 느낌을 '돈값한다'로 위트 있게 끌어 냈다.

성균관대학교 앞에 있는 돈가스집 '봄까스'에 가면 대표 메뉴 인 '봄나물가스'와 다양한 종류의 돈가스 메뉴가 있다. 돈가스 에서 앞글자만 '봄'으로 바꿨을 뿐인데, 봄이 주는 따뜻한 느 낌이 매장에 대한 호감을 준다. 돈과 발음이 비슷해 산뜻하게 기억에 남는다.

춘천시 카페 '감자밭'은 감자를 키우는 텃밭과 함께 어우러진 카페로, 도시 생활의 피로함을 벗어나는 정서를 담아낸다. 주 메뉴는 '감자라테'와 감자를 갈아 넣은 '감자빵'으로, 직접 키 운 감자로 만들어서 더욱더 인기가 좋다. 카페 앞에도 작은 텃 밭이 있다.

삼각지에는 남미 음식점 '버뮤다 삼각지'가 있다. '버뮤다 삼 각지대'는 미국 남부에 자리한 플로리다 해협과 버뮤다 섬, 푸 에르토리코를 잇는 삼각형 해역으로, 이 지역에서 선박과 항공 기 실종 사고가 빈번하게 발생해 유명해졌다. 식당의 위치가 삼 각지역이라는 점과 남미 음식을 판다는 점을 이용해, '버뮤다 삼각지'라는 재미있는 스토리텔링형 이름을 지어 참신하다.

대구 범물동 '브릴란테타타'는 샌드위치가 맛있는 브런치 카페인데, 다소 기억하기 어렵고 발음이 힘든 이름이다. 방문 후기를 보면 대체로 평이 좋은데, 확실히 이름보다 맛이 본질이다. '이름이 헷갈리고 어렵다' '이름 찾는 데 한참 걸렸다'라는 아쉬움을 토로하기도 한다. 소비자들이 쉽게 기억하고 자주 찾을 수 있게 하려면 간단하고 임팩트 있는 이름이 더 좋았겠지만, 만약 이런 반응을 의도했다면 가히 성공적이라고 할 수 있다.

V

이름의 공식, 퓨즈로 이름짓기

대중 소비가 텍스트 중심에서 짧은 동영상으로 바뀌었으며,
현실과 가상이 결합한 3차원적 콘텐츠가 파생되고 있다.
관객이 마주하는 첫인상이 제목이니 은유나 추상보다는
직접적인 방식으로 영화의 이미지나 내용을 전달해야 한다.
한마디로 돌려 말하지 않아야 한다.

모든 것은 열려 있다,
닫힌 것은 오직 당신의 마음뿐

당연하게도 이름은 이름에 숨은 드라마를 집약적으로 함축한
다. 특정 제품의 이름이나 타이틀을 만들 때 제품의 효과나 용
도, 생김새를 따오기도 하고 영화나 드라마의 경우 주인공의
이름을 타이틀로 하기도 한다. 이름을 지을 때 중점을 둔 것이
무엇인지에 따라 사람들의 이목을 끄는 포인트가 달라진다.
책이나 영화, 애니메이션 등을 고를 때 내용과 평점을 보고 고
를 때가 많지만, 단순히 제목에 이끌려 흥미를 느끼고 선택하
는 경우도 적지 않다. 책, 영화, 음료, 게임, 드라마 같은 콘텐
츠에서 어떠한 점을 중요하게 생각하며 이름을 짓는지, 본질

을 담되 재미있고 독특하며 이야기가 담겨 있는, FUSE의 가이드라인에 맞춰 살펴볼 것이다. 혹시 지금 당장 당신이 고민 중인 제품이나 서비스에 적용해 보면 구체적인 도움을 얻을 것이다.

먼저 웹툰이나 영화, 아이돌 같은 한류 콘텐츠나 온라인 플랫폼 같은 무형 제품이나 서비스의 이름들이다.

웹툰, 환상을 담은 스토리텔링

문화 콘텐츠에서 웹툰은 하위문화로 분류되고 있었다. 다양한 연령대의 소비자가 향유하는 문화라기보다, 청소년이나 2030세대의 전유물로 인식되었다. 하지만 이제는 상황이 바뀌어 웹툰의 유명세에 힘입어 원작을 기반으로 드라마나 영화를 제작하기도 한다. 이처럼 문화계에서 웹툰이 급속도로 부상함에 따라 당당하게 한국의 대표적인 주류문화로 자리 잡으면서 시장의 규모도 꽤 커졌다. 시장의 규모와 비례해 웹툰 작품의 수도 기하급수적으로 늘었는데, 이러한 현상 때문에 웹툰은 독자 확보 경쟁이 치열해졌다. 초기 독자의 유입을 증가시키기 위해 제목의 중요성도 높아졌다. 인기 많은 작품의 제목에서 확인되는 공통점들, 조회수와 추천, 평점에 따라 웹툰 제목의 특성을 파악해 보면 좋은 제목을 만드는 데 도움이 될 것이다. 네이버 웹툰, 카카오 웹툰, 레진코믹스 등 다양한 포털 사이트와 웹툰 전문 사이트를 뒤져 인기순으로 300개의 작품을 정렬해 본 결과 인기 작품에는 시대적 트렌드가 반영되었음을 확인할 수 있다. 가볍게 즐기는 웹툰의 특성을 고려했을 때, 삶에 대한 성찰과 교훈을 진지하고 심오한 방식으로 깨닫게 하기보다는 지친 일상에서 내가 원하고 상상했던 것을 드러내는 것에 가깝다. 즉 소비자들이 은연중에 품은 내밀한 욕구를 담아내는 게 좋은 제목이라는 것이다. 다시 말하면 창의적인 제목보다는 전달하려는 메시지를 분명하게 노출하는 제목 짓기가 효과적이다. 기존의 유행을 선도하는 웹툰 제목을 따라가면서 인지도를 획득하고, 그 제목에서 차별화를 꾀하면서 경쟁력을 갖추는 방식이 안정적인 인지도 확보의 작명 공식이 되었다. '경향성을 따라가되 차별화해야 한다'라는 것이다.

이 경향성은 두 가지 방향을 갖는다. 먼저 '회귀' '빙의' '환생' 같은 단어를 제목에 노출해 시간을 되돌리고자 하는 욕구를 드러내는 경우다. 시간여행 같은 행복한 상상을 이미지화해 제공함으로써 마음대로 되지 않거나 잘 풀리지 않는 삶의 '사이다' 같은 기능을 하는 것이다. 최근 드라마로 만들어져 인기를 끌었던 〈어게인 마이 라이프〉〈금수저〉〈재벌집 막내아들〉 같은 원작 웹툰도 회귀나 빙의를 소재로 한 이야기다. 이러한 경향성은 웹툰의 작품명을 짓는 데 큰 영향을 미쳤는데, 판타지 웹툰에서는 〈8클래스 마법사의 회귀〉, 무협 웹툰에서는 〈광마회귀〉, 일상 웹툰에서는 〈회귀자 사용 설명서〉 등이 있다. 또 하나 중요한 점은 과거의 '특별한 존재'로 빙의하거나 회귀하는 이야기가 스트레스 해소형 콘텐츠를 즐기려는 독자들에게 채택된다는 사실이다. 따라서 회귀 이후 사회적 지위나 명예를 얻는 상황을 제목에 드러냄으로써, 새롭게 거듭나고자 하는 독자의 욕구를 반영하는 것이 중요하다. 제목에 '사이다' 같은 이야기가 전개된다는 단서를 제시한다면 독자를 유인할 가능성이 커질 수밖에 없다.

큰 인기를 끌었던 〈나 혼자만 레벨업〉은 남들과 다르게 자신 스스로만 성장하는 이야기인데, 이 웹툰은 특별해지고 싶고 다른 사람들과 경쟁에서 앞서 나가고 싶어 하는 독자들의 욕구를 충족해 주는 내용이다. 천재적 생명 세포를 얻은 의사인 주인공이 종횡무진하는 〈나 혼자 천재 DNA〉, 남들과는 다르게 혼자 한계까지 성장한 주인공의 서사를 담은 〈나 혼자 만

랩 뉴비〉 등은 특별한 존재가 되어 다른 이에게 선망의 대상이 되거나 경쟁에서 앞서 나가고 싶은 욕망을 담은 제목이다. 자신의 특별함을 나타낼 수 있는 제목의 작품도 인기가 많은데, 〈SSS급 죽어야 사는 헌터〉나 〈뽑기로 강해진 SSS급 헌터〉 등이 그렇다. 대부분 경쟁을 강요하는 사회에서 주도적인 삶의 지위를 얻으려는 심리를 담고 있다.

영화, 핵심이 담긴 압축미

관객이 가장 먼저 영화를 선택하는 수단은 역시 영화의 제목이다. 화제작 〈서울의 봄〉처럼 말이다. 넷플릭스 오리지널 시리즈 〈오징어 게임〉의 원제는 '라운드 6'였다. 브라질은 포르투갈어를 사용하는데, 공교롭게도 포르투갈어로 '오징어'는 '룰라lula'다. 브라질의 35대, 39대 대통령인 루이스 이나시우 룰라와 이름이 같아 브라질에서는 〈라운드 6〉로 방영되었지만, 우리나라에서도 그 제목을 사용했다면 결과는 큰 차이를 보였을 것이다. 영화 〈캐치 미 이프 유 캔〉은 영화계의 거장, 스티븐 스필버그가 만든 범죄 스릴러다. 영화의 제목을 직역했을 때 '나를 잡을 수 있다면 잡아봐'라는 뜻이다. '잡을 수 있다면'이라는 의문형으로 관객의 궁금증을 증폭시켜 흥행의 도화선을 만들었다. 드라마 〈종이의 집〉도 좋은 이름이다. 원작은 은행을 터는 강도들의 이야기를 그린 내용이다. 범죄 스릴러 드라마로, 높은 몰입감과 팽팽한 수 싸움으로 찬사를 받았다. '종이의 집'은 종이(화폐)를 만드는 집이란 의미와 함께, 종이로 만든 집처럼 언제든 날아갈 수 있다는 것을 암시하기도 한다.

이런 사례를 통해서 보면, 영화의 제목은 첫째 직관적이어야 한다. 좋은 제목일수록 다중의 의미를 내포하면서도 메시지를 잃지 않는다. 드라마 또한 같은 원리로, 내용이 드러나면서도 쉽게 다가와야 하며, 작품이 전달하고자 하는 주제를 적절히 담아내야 한다. 〈매스Mass〉는 교내 총기 난사 사건으로 자식을 잃은 두 부부가 성당에서 자신들의 아픔을 토로하고, 상대를 용서하고, 서로를 위안하는 내용이다. 'Mass'는 가톨릭의 '미사'를 뜻하는 동시에 '집단'을 의미하지만, 눈치가 빠른 사람이라면 'Mass shooting(총기 난사)'의 함의를 읽어 낼 수도 있다. '미사'와 '총기 난사'의 대립적인 의미를 동시에 가지고 있는 놀라운 제목이다. 〈오마주〉는 슬럼프에 빠진 중년 영화감독의 이야기다. 삶의 방향을 놓쳐 버린 인물이 자신과 유사한 인물을 통해 깨달음을 얻고 삶의 원동력을 얻어 간다는 점에서 제목의 역할을 충실히 이행하는 훌륭한 제목이다. 설명적인 제목으로는 관객의 호기심을 자극할 수 없다.

두 번째 가이드라인은 영화의 장르적 특성과 분위기에 어울려야 한다는 것이다. 영화 관계자들은 영화를 기획할 때부터 해당 장르가 어떤 관객층을 타깃으로 하는지, 제목을 통해 어떻게 하면 장르적 요소를 효과적으로 보여 줄 수 있는지를 심도 있게 다룬다. 영화 시장이 커지고 경쟁이 치열해지면서 관객들은 난해한 제목을 접하고 이 영화가 어떤 장르인지 살펴볼 인내심이 없다. 최소한 장르를 암시할 수 있는 정도의 제목이 요구된다. 나아가 영화의 핵심 내용, 메시지를 포함해야 한다. 〈배트맨 대 슈퍼맨〉과 〈캡틴 아메리카: 내전〉 같은 장르 영화의 경우 주요 내용을 한눈에 볼 수 있을 정도로 짧고 굵게 한다. 〈새벽의 황당한 저주Shaun of the Dead〉가 좋은 예다. 클래식 좀비 영화 〈새벽의 저주Dawn of the Dead〉을 'Shaun of the Dead'로 비틀자 관객들은 좀비 코미디물이라는 장르를 바로 떠올렸다. 잊을 수 없을 만큼 가볍고 유쾌한 제목이다. 〈12명의 성난 사람들〉은 아버지를 칼로 찌른 한 소년의 살인 혐의를 두고, 배경이 각기 다른 12명의 배심원이 의견을 한 곳으로 모아 가는 과정을 섬세하게 보여 준다. 별다른 수식이나 장치 없이 명명된 원제 '12 Angry Men'은 영화의 절제된 표현 방식과 법정 스릴러라는 장르적 요소를 깔끔히 담아낸 모범 사례다. 〈애비규환〉은 여러 캐릭터를 통해 아버지를 다양한 모습을 보여 주며 시종 경쾌한 분위기를 잃지 않는 영화다. 인생의 중대사를 앞둔 인물이 '아비(아버지)'라는 역할에 대해 고민하며 겪는 소동, 그야말로 '아비규환'을 담아낸다. 〈애비규환〉은 스토리와 주제의식을 코미디 풍으로 유쾌하게 보여 준 좋은 제목이다.

세 번째 체크리스트는 동시대를 살아가는 사람들이 공감할 수 있는 대중문화적 정서의 반영이다. 영화는 경험재다. '경험재'란 직접 경험하는 과정을 거치기 전에 가치를 평가하는 데 어려움이 따르는 재화를 의미한다. 영화는 포스터나 예고편 등 제한적인 정보를 제공할 수밖에 없는 환경 안에서 잠재 관객을 대상으로 흥미를 유발해야 하는 미션이 있다. 이것을 감안하면 영화의 제목은 기본적인 정보 전달의 수단이자, 영화의 정체성이 응축된 형태이며, 상품으로서 가치와 구매 욕구를 증폭하는 도구가 되어야 한다. 그런데 이때 마케팅 전략의 일환으로 영화의 원제목을 사용하지 않고 의도적인 변형을 거치는 경우가 있다. 해외 영화의 수입 과정에서 벌어지는 일이다. 다른 국가의 가치관과 문화가 반영된 제목을 그대로 사용할 때 예상되는 문제를 극복하기 위해 제목을 재창조하는 과정을 거치는 것이다.

'The Curious Case Of Benjamin Button'는 〈벤자민 버튼의 시간은 거꾸로 간다〉라는 제목으로 한국에서 개봉했다. 원제목 그대로 직역하면 '벤자민 버튼의 기이한 사건'이다. 노인으로 태어나 나이 들수록 아이가 되어 가는 사람의 이야기다. 내용의 신선함을 부각하는 방향으로 수정되어 3시간에 달하는 영화 줄거리가 한 문장 안에 효과적으로 압축되었다. 'Two days one night'은 〈내일을 위한 시간〉이라는 제목으로 개봉했다. 원제목 그대로 직역하면 '1박 2일'이다. 복직을 앞둔 여주인공이 1박 2일 동안 회사 동료들을 찾아가 자신의 일자리로 돌아가기 위해 노력하는 내용이다. 밋밋하고 상투적인 원제를 한국어 언어유희를 활용해 '내 일'과 '내일'의 의미를 담아내면서 내용과 어우러지는 결과물로 완성했다. 'Ghost'의 경우도 〈사랑과 영혼〉이라는 이름으로 한국에서 개봉했다. 갑작스럽게 목숨을 잃고 연인의 곁을 떠나게 된 남자 주인공이 여자 주인공의 곁에 영혼으로 남아 자신의 사랑과 존재를 알리는 이야기다. 'Ghost'를 원제목 그대로 직역하면 '유령'이다. 미국에서는 기억과 환영의 의미로도 읽히지만, 한국에서는 유령이나 귀신의 의미로 사용한다. 내용에 대한 이해 없이 제목만 접하는 경우 공포영화로 오인할 수 있다. 또한 로맨스 영화라는 핵심 정보가 전달되지 않는다. 배급사는 애틋한 사랑 이야기라는 점을 부각하고 내용을 함축적으로 담아내기 위해 〈사랑과 영혼〉이라는 제목을 사용했다. 언어의 차이를 극복하면서 영화의 핵심 내용과 특징을 잘 살린 사례다. 'The Secret Life of Walter Mitty'도 〈월터의 상상은 현실이 된다〉라는 제목으로 개봉했다. 원제목 그대로 직역한다면 월터 미티의 비밀 생활이나, 불확실성에 짓눌린 세상 속에서 상상을 현실로 전환한다는 이미지를 부각한 제목으로 변경했다. 영화의 내용을 암시하면서도 당시의 사회적 상황도 반영했다. 사회적 가치관이나 시대 정서는 영화의 제목에 많은 영향을 미친다.

현대의 소비 특성을 '리퀴드 소비Liquid consumption'라고 일컫는다. 주기가 짧고 단시간에 다음 소비로 이동하기 때문에 액체처럼 흐른다는 의미로 지어진 개념이다. 대중 소비가 텍스트 중심에서 짧은 동영상으로 바뀌었으며, 현실과 가상이 결합한 3차원적 콘텐츠가 파생되고 있다. 관객이 마주하는 첫인상이 제목이니 은유나 추상보다는 직접적인 방식으로 영화의 이미지나 내용을 전달해야 한다. 한마디로 돌려 말하지 않아야 한다.

사회, 경제, 정치, 언어 등 문화적 차이에 따른 결과로 제목의 변형 과정도 변화를 보인다. 국내 수입된 해외 영화 제목의 흥미로운 점은 두 국가의 언어와 문화적 차이가 어우러진다는 것이다. 원제목이 가진 문화적 측면을 한국에서도 유사하게 받아들일 수 있게 파악하고 반영한다.

1960~1970년대의 한국은 유신 시대라는 엄혹한 시절이었다. 영화는 시나리오와 완성 필름을 이중으로 검열했고, 문화공보부 장관의 허가를 받아야만 영화를 제작할 수 있었다. 당시 화제가 되었던 외국 영화로 〈내일을 향해 쏴라〉와 〈우리에게 내일은 없다〉가 있다. 〈내일을 향해 쏴라〉의 원제는 'Butch Cassidy and the Sundance Kid'로 서부개척 시대의 실존 인물이었던 '부치 캐시디'와 '선댄스 키드'의 이름을 그대로 사용했다. 우리에겐 생소할 수밖에 없는 이름이다. 이를 〈내일을 향해 쏴라〉라는 제목으로 바꿈으로써 가혹한 체제 속에서 억눌린 사람들에게 모험과 도전의 정신을 일깨우며 흥행했다.

〈우리에게 내일은 없다〉의 원제는 'Bonnie and Clyde'로 이
또한, 1930년대 강도행각으로 유명했던 '클라이드 배로우'와
'보니 파커'의 실명을 그대로 사용했다. 제아무리 유명해도 그
건 어디까지나 미국에서나 통할 뿐이다. 두 영화의 제목은 당
시의 시대적 배경, 가치관과 정서, 억눌린 심리를 반영해서 강
력한 메시지와 영화에 대한 관심도를 증폭한 사례다. 두 제목
은 지금까지도 사람들의 용기를 북돋는 문구로 사용되기도 하
고 청춘의 혈기를 표현하는 문구로도 사용된다.

마지막 가이드라인은 간단명료함이다. 한 리포트에서 밝힌 좋
은 영화 제목의 요건 중 '최대한 짧게'가 1위였다. 간결한 제
목은 관객이 기억하고 퍼뜨릴 수 있게 영화 홍보에 더 많은 편
의를 제공하고, 지나치게 긴 제목은 미디어와 관객에 의해 '자
동적으로 간략화'되어 제목 자체에 왜곡을 일으켜 악영향을
미칠 수 있다. 전 세계 박스 오피스 10위 안의 제목 길이가 영
어 단어 2개 이하인 경우가 6편이나 된다. 소설 등을 직접 원
작으로 한 영화도 원래 이름을 그대로 옮기지 않고 축약하는
경우가 많다. 〈블레이드 러너Blade Runner〉는 소설 『안드로이드
는 전기 양의 꿈을 꾸는가Do Androids Dream of Electric Sheep?』가
원제목이다. 물론 〈해리포터와 죽음의 성물: 2부〉〈어벤져스:

에이지 오브 울트론〉〈스타워즈 에피소드7: 깨어난 포스〉 등 IP 시리즈의 대작들은 제목이 길지만 이미 높은 인지도가 있어 굳이 제목을 짧게 할 필요가 없는 경우도 있다.

아이돌, 탄생의 스토리

아이돌의 이름은 몇 가지 부류가 있다.

1. 정체성

시크릿   Secret

소녀 감성의 핵심어인 비밀을 그룹명으로 사용했다.

위너   Winner

서바이벌 프로그램 승리로 데뷔했기 때문에 그룹의 기원과 정체성을 반영했다.

트와이스   Twice

"눈으로 한 번, 귀로 한 번 감동을 준다"라는 의미를 담았다.

에이프릴 ··· April

4월을 뜻하지만, 최상을 뜻하는 'A'와 사랑스러운 소녀를 의미라는
'pril'을 더해 '사랑할 수밖에 없는 소녀'라는 의미를 부여했다.

애프터스쿨 ··· After School

'입학과 졸업'을 콘셉트로 활용해 멤버를 영입하고 졸업하는 과정을
거치는 식이다.

우주소녀

멤버마다 별자리가 모두 다르다는 콘셉트를 반영했다.

이달의 소녀

매달 1명의 멤버를 공개하며 일정 수가 되면 데뷔하는 프로모션으로,
멤버를 모은다는 의미를 담은 이름이다. 달과 밀접한 세계관을 활용
한다는 의미도 담았다고 한다.

더보이즈 ··· TBZ

대중의 마음에 자리 잡을 단 하나의 소년들이라는 뜻을 담고 있다.

2. 합성어

레드벨벳   Red Velvet

빨간색을 뜻하는 'Red'와 벨벳을 뜻하는 'Velvet'의 합성어로 강렬한 색깔의 레드 콘셉트와 우아하고 고급스러운 벨벳 콘셉트를 모두 보여 주겠다는 포부를 담은 이름이다. 신나고 강렬한 사운드의 레드 콘셉트와 고급스러운 비트와 이미지를 사용한 벨벳 콘셉트의 앨범을 번갈아 가며 발매했다. 케이크에 동일한 이름이 있어 '어? 케이크 이름 아니야? 아~ 그런 뜻'이라는 반응을 유도하기도 했다.

블랙핑크   Blackpink

검은색을 뜻하는 'Black'과 분홍색을 뜻하는 'Pink'를 합친 합성어로, 가장 예쁜 색으로 표현되는 '핑크'를 '블랙'으로 부정하는 의미를 덧붙여 '예쁘게만 보지 마라'는 반전 의미를 담았다. 처음 이름이 공개되고 나서는 '레드벨벳과 의미가 유사한 것이 아니냐'라는 반응이 있었지만, 이 또한 대중의 관심을 끌어내는 데 성공했다.

엔믹스   NMIXX

now, new, next, 미지수 n을 뜻하는 문자 'N'과 다양성을 상징하는 단어 'MIX'를 합친 단어로 새로운 시대를 책임질 최상의 조합이라는 의미를 담았다. 그룹명인 'NMIXX'를 뒤집은 'XXIWN'이라는 단어를 사용한 가상의 인물을 만들어 그룹의 세계관에 차용하기도 했다. 또 '믹스팝'이라는 음악 장르를 만들기도 했다.

3. 숫자

나인뮤지스   9Muses

멤버 수인 나인(9)과 고대 그리스 신화에 나오는 여신인 뮤즈에서 따온 '뮤지스'를 합친 그룹명이다.

프로미스나인   fromis 9

그룹 이름은 'from+idol+school'의 줄임말인 'fromis'와 그룹 멤버 수인 9명을 합친 이름이다.

세븐틴   Seventeen

원래 평균 연령 17세의 17인조를 기획하려는 의도에서 '세븐틴'으로 이름을 지었으나, 실제로는 13인조로 데뷔했다. 그래서 13명의 멤버에 3개의 소그룹 유닛과 이 모두가 하나라는 의미를 부여했다.

4. 신조어

엑소   **EXO**

태양계 외행성을 뜻하는 'exoplanet'에서 따온 이름이다. '엑소'라는
이름을 가진 술이 존재해 '어? 그거 술 이름 아니야?'라는 반응을 얻기
도 했다. 외계인 콘셉트에 맞게 각 멤버에게 순간이동, 빛, 물 등의 초
능력을 부여하기도 했다. 앨범과 곡뿐만 아니라 뮤직비디오, 콘서트
에서도 초능력자 콘셉트를 활용했다.

아이브   **IVE**

I have의 축약형인 I've에서 유래한 이름이다.

르세라핌   **Le Sserafim**

'Im Fearless'를 애너그램 방식으로 만든 이름으로 '세상의 시선에 흔
들리지 않고 두려움 없이 앞으로 나아가겠다'라는 의지를 갖은 이름
이다. 데뷔곡도 그룹명의 뜻을 반영한 〈fearless〉였고, 그다음 곡도
충격을 받을수록 강해진다는 〈antifragile〉이었다.

5. 줄임말

엔시티   NCT

'Neo Culture Technology'의 약자이며 멤버 수의 제한이 없고, 새로운 멤버 영입이 자유로운 무한확장을 정체성으로 삼고 있다. NCT라는 그룹 내에 127, dream, U 등 다양한 하위 그룹이 형성되어 있으며, 무한확장과 Neo라는 콘셉트에 따라 대중적이기보다는 매니악한 음악을 지향한다.

아이오아이   I.O.I

'Ideal Of Idol'의 약자이며, 서바이벌 프로그램인 〈프로듀스101〉을 통해 데뷔한 여자 아이돌의 이름이다.

스테이씨   STACY

'Star To A Young Culture'의 약자로 '젊은 문화를 이끄는 스타가 되겠다'라는 의미를 담았다.

세상 모든 것들의 이름짓기

먼저 '오늘의 집'과 쿠팡의 '로켓배송'을 보자. '오늘의 집'은 라이프 스타일 슈퍼 앱이다. 이름만 봐도 집 인테리어와 관련이 있다는 것을 추측할 수 있다. 일상 대화에서 '오늘의 집'에서 나올 때 자기 집의 모습을 연상하며 기존의 모습을 어떻게 개조할지, 집에 새로운 가구를 들여놓을지 하는 모습이 생생하게 떠오른다. '오늘의 집'이란 이름에는 집과 삶에 대한 애정과 기대가 담겨 있다. '로켓배송'은 재미있으면서도 제품의 본질을 잘 담은 이름이다. 로켓 하면 매우 빠르고 정확하다는 연상이 떠오른다. 짧고 발음도 쉽다. '로켓배송' 말고 '로켓 프레시' '로켓 직구' 등도 조합형 이름이다. 자신의 반려동물 이름을 지을 때도 유사한 상징물에 비유한다. 집에서 고슴도치를 키우면 '이쑤시개'라고 짓고, 흑백 고양이를 '올레오'라고 부르고, 작은 포메라니안은 '콩알'이라고 부른다. 대부분 재미있고 짧은 이름들이다. 초신선 돼지고기 유통으로 정육 시장에 새바람을 불어넣는 '정육각'은 브랜드 네이밍부터 창업가의 남다른 통찰력과 감각이 돋보인다. '정육각'이란 이름은 고기와 관련해서 소비자들과 가장 익숙한 단어 중 하나인 '정육점'을 약간 비틀어 '크고 높은 집'을 의미하는 한자 '각閣'과 결합함으로써 고급스러운 느낌을 전달하는 이름으로 단번에 탈바꿈시켜 버렸다. '정육각'이란 이름처럼 소비자들에게 익숙한 단어를 조금 낯설게 만들면 적당히 새롭기도 하고 재미있기도 한 이름들이 효율과 효과를 동시에 거둔다.

최근 떠오르는 플랫폼 기업들의 이름짓기의 유형은 대략 네 가지로 나누어진다. 직관주의형, 인사이트형, 낭만주의형, 그리고 공장복제형이다. 직관주의형은 서비스의 내용이 가장 쉽게 전달되는 유형이다. '페이스북Facebook'은 전화번호부 대신 얼굴을 볼 수 있는 SNS라는 느낌을 정확하게 전달한다. '밀리의 서재'는 많은 책을 읽을 수 있는 마을에서 달콤한 시간을 보낼 수 있다는 느낌을 준다. 비슷한 독서 애플리케이션인 '리디북스'도 마찬가지다. 책을 읽는다는 목적성이 간결하게 드러냈다. 생리 주기를 확인할 수 있는 애플리케이션 '핑크다이어리'는 핑크라는 색감을 선택해서 여성 전용임을 곧바로 알린다. '카트라이더'와 '테일즈런너' 또한 직관적인 단어를 사용해 이름을 지었다. '카트라이더는' '카트를 타는 사람'이라는 뜻으로 캐주얼 레이싱 게임이라는 장르의 특성을 아주 잘 반영했다. 실제로 카트를 타고 레이싱하는 게임이기 때문에 아주 직관적인 이름이다. '테일즈런너' 또한 비슷한 구조로 이름이 구성되어 있다. 달리는 사람이라는 뜻의 '러너 runner'라는 단어를 통해 캐주얼 레이싱 장르를 잘 나타내면서도, 위의 '카트라이더'와는 다르게 사람 캐릭터가 직접 달리는 run 게임의 특성을 잘 반영했다. '슈의 라면집'은 '슈'라는 캐릭터가 라면 가게에서 라면을 끓여서 판매하는 아주 단순한 게임이다.

인사이트형은 사람의 심리를 간파하는 유형이다. 대표적인 것이 '유튜브 YouTube'다. 인간은 사회에 참여하고 싶은 욕구를 지니고, '상대 You'를 알고, 사회의 흐름을 알아가는 '통로 Tube'라는 뜻이다. 유튜브에 매일 스캔하는 이유와 정확하게 맞아떨어진다. 낭만주의형은 개성 있는 브랜드 네임들을 통칭한다. 파랑새의 콘셉트를 유지하려는 '트위터', 즉석의 이미지를 가져가려는 '인스타그램' 등이 대표적이다. 게임 애플리케이션들도 드라머 타이틀 같은 개성 있는 이름이 많다. 〈로드 오브 히어로즈〉 〈제2의 세계〉 등 소비자의 구미를 당길 판타지적 단어의 조합이 중요하다. 공장복제형은 자기의 자산을 활용한다. 네이버의 경우 '네이버 지도' '네이버 웹툰' 같은 애플리케이션을 출시하며 안정적인 브랜드 영향력을 이어간다. '카카오톡'을 통해 유례없는 성공을 거둔 카카오는 '카카오페이' '카카오맵' 같은 사업을 확장해가며 모바일 애플리케이션 시장에서 큰 몫을 차지했다. '피파 온라인 4'는 국제축구연맹 '피파FIFA'라는 단어를 이름에 포함해서 축구 콘셉트의 온라인 게임이라는 것을 유추할 수 있다.

온라인 게임, 스토리의 세계관

게임 브랜드 '테일즈런너'의 스토리는 이렇다. "꿈과 희망을 잃어버린 사람들 때문에 위기에 처한 동화나라를 되살리고자 동화나라 관광 달리기 대회를 개최한다. 이 대회에 참가하는 선수들을 '테일즈런너'라고 부르며, 이 대회의 우승자에게는 어떤 소원이든 들어주는 '소원의 돌'을 상품으로 준다." 게임의 이름에 스토리를 담아내는 경우 직관성은 떨어진다. 그러나 다른 게임과 차별화하는 주요 콘셉트나 핵심 아이덴티티를 잘 녹여낼 수 있다. 같은 장르 안에서는 게임의 콘셉트가 유사하므로 차별화된 스토리가 큰 경쟁력이 될 수 있다. 그리고 호기심을 유발하는 좋은 전략이 될 수 있다.

또 다른 예시로 '리그 오브 레전드'가 있다. '리그 오브 레전드'는 이름만 들었을 때는 정확히 어떤 내용의 게임이고 어떤 장르의 게임인지 쉽게 떠오르지 않는다. 이 게임의 스토리는 다음과 같다. "'룬테라'라는 가상의 행성에서 사는 수많은 챔피언(캐릭터)이 소환사(유저)의 인도로 정의의 전장에서 게임을 한다. 그들은 '발로란'의 각 국가 간 분쟁을 중재해 대륙이 황폐해지는 것을 막기 위해 전쟁 학회와 '리그 오브 레전드'를 창설했으며, 유저가 플레이하는 모든 게임은 전쟁을 대신하는 시합이자, 리그에서 수시로 행해지는 훈련 겸 친선전이다." '리그 오브 레전드'라는 이름은 게임 캐릭터들이 전쟁을 대신해 리그에서 경기한다는 설정이다.

'어몽어스'는 '우리 중에서'라는 뜻이다. 이 게임은 여러 명의 플레이어 가운데에서 한 명의 술래를 찾아야 하는 전략 추리 게임으로, 우리가 흔히 마피아 게임으로 아는 장르의 게임이다. '우리 중에서' 한 명의 술래를 찾아야 하는 게임의 콘셉트를 매우 잘 반영한 이름이다. "여러 명의 크루(유저)가 우주 미지의 행성에 도착해 조사기지를 건설하고, 행성에 있는 샘플과 자료를 채취한다. 이때 크루 한 명이 사라지고 신체 변이 능력을 가진 외계인이 침입해 크루의 모습으로 변장한다. 이 외계인의 목표는 함선이 본부에 도착하기 전에 나머지 크루들을 모두 죽이는 것이고, 크루들은 죽기 전에 외계인을 찾아야 한다." '어몽어스'의 스토리의 핵심은 우주의 외계인 침입자다. 따라서 게임은 우주선이라는 공간에서 진행되고, 캐릭터 또한 우주복을 입은 듯한 모습으로 디자인되었다.

'페인feign'은 어몽어스와 마찬가지로 여러 사람 가운데 술래를 찾는 추리 게임이다. '페인'은 작은 마을을 배경으로 이 마을의 집들을 서로 오가는 과정에서 일어나는 일들을 스토리로 하는 게임이다. 스토리의 차별성보다는 술래가 아닌 척 가장해야 하는 게임 방식에 초점을 두었다. '로스트아크'는 운명의 길을 걷는 모험가가 '아크라시아'라는 세상을 악마로부터 지키는 영웅담을 그린 내용이다. 이 과정에서 세상에 흩어져 숨겨진 아크를 찾게 된다. 전체적인 스토리는 악마에게서 아크라시아를 지켜내는 것이지만 중점은 숨겨진 아크를 찾는 것이다. '아크'의 뜻은 '방주'다. 성경에서 노아는 하나님의 계시를 받고 방주를 만들어 대홍수 속에서 살아남는다. '로스트아크'도 마찬가지로 운명을 받은 주인공이 세상을 구하기 위해 노아의 방주와 같은 아크를 찾아다니는 것을 중심으로 스토리가 진행된다. "7개의 아크를 모아 힘을 개방할 때 사용되는 일종의 열쇠로, 아크가 지닌 창조와 소멸의 힘에 불안함을 느낀 루페온이 따로 만들어 낸 것이다. 현재는 자취를 감추어 어디에 존재하는지 알 수 없으며, 그 때문에 라제니스들은 이것을 잊혀진 아크, 로스트아크라고 칭한다."

서적, 30대 여성의 감수성

매대에서 수많은 다른 책 사이에서 손이 갈 수 있게 제목에 책의 주제, 목적, 관점과 톤이 한눈에 드러나야 한다. 궁금증을 불러일으키도록 간결하고 흥미로워야 한다. 잘못된 정보로 자신이 찾는 책의 종류가 아니라는 오해를 주지 말아야 한다. 책은 이름 자체가 경쟁력이다. 그다음은 목차다. 목차도 이름이다. 하나하나가 특별해야 한다. 이전의 책과 비슷하거나 동일한 제목을 피해야 한다. 『지적 대화를 위한 넓고 얕은 지식』, 이 책은 소비자의 욕구를 정확하게 반영하고, 문장형으로 되어 있어 친절하고 직관적이다. 대화의 소통을 위해 최소한의 상식을 알려 주는 실용 철학서다. 『철학은 어떻게 삶의 무기가 되는가』, 이 책의 원제는 '무기가 되는 철학'이었다. 하지만 제목을 바꿈으로써 소비자에게 직접적으로 다가가는 효과를 준다. 의문형으로 바꾼 데에 주목할 필요가 있다. 철학이 현실의 삶과 동떨어진 학문이라는 고정관념을 깨면서도 삶에 도움이 된다는 것을 묻는 방식으로 소비자들의 호기심을 자극한다. 『시바의 눈물』이라는 책은 2002년도에 '에데베 문학상'과 '리부루 가스테아상'을 수상한 책이다. 소설은 주인공들의 가문과 오해로 얽혀 있는 가문의 가보를 찾는 여정을 그리고 있다. 가보는 목걸이고, 목걸이의 이름이 '시바의 눈물'이다. 이 책에서 목걸이만큼 중요한 요소는 없다. 두 명의 주인공은 밤낮으로 목걸이를 찾으며 추리하고 탐구하며 성장한다. 책의 제목은 소설에서 가장 중요한 요소인 목걸이의 이름에서 따왔다.

2017년 4월에 국내에 번역본이 발행된 스미노 요루의 『너의 췌장을 먹고 싶어』를 보자. 당시 베스트셀러 작품들의 제목들과 비교하면 차별점이 선명하다. 당시 베스트셀러 작품들은 『언어의 온도』『82년생 김지영』『자존감 수업』『나미야 잡화점의 기적』 등이 있다. 다른 베스트셀러 작품들이 단순 명사형인 데 반해 『너의 췌장을 먹고 싶어』는 내레이션 형식을 띤 제목이다. 이는 사람들에게 신박하고 색다르게 다가왔고, 소설을 통해 제목의 의미가 무엇인지 설명해 사람들에게 왜 제목이 이런 식이었는지 이해시켰다. 최근 비슷한 유형의 제목이 많이 만들어지고 있다. 30대 직장 초년 여성들의 감수성을 자극하기 때문이다. 또 하나는 핵심의 반영이다. 줄거리의 중심을 놓쳐 정체성을 잃는 경우가 있다. 독자들은 이름과 제목을 통해서 대상에 대한 정보를 알아보려는 습성이 있어 어느 정도 해당 책에 대한 인사이트를 제공해야 한다. 영화 제목이지만 봉준호 감독의 〈기생충〉 역시 주인공 일당을 기생충으로 묘사해서 제목만으로 사회계층의 빈부격차를 뚜렷이 보여 준다. 존 카니 감독의 〈비긴 어게인〉은 '다시 시작하다'라는 뜻으로 영화의 전체적인 줄거리와 일맥상통한다. 영화는 한때 스타 음반 프로듀서로 활동했지만, 회사에서 해고된 주인공 '댄'이 우연히 싱어송라이터를 만나 함께 음반 제작을 하며 전화위복을 하는 내용이다. 관객은 영화를 보지 않고도, 제목만으로 영화가 어떠한 내용을 다룰 것인지 힌트를 얻게 된다.

히가시노 게이고의 『방황하는 칼날』은 다소 추상적인 제목이지만 조금 세밀하게 살펴보면, 칼날은 심판을 뜻하며 방황한다는 것은 곧 갈피를 못 잡고 결단을 내리지 못하는 상황이다. 이 역시 소설의 내용과 일맥상통한다. 소설에서는 3명의 미성년자에게 딸을 잔인하게 살해당한 아버지의 복수극, 그리고 그런 아버지를 잡으려는 경찰의 추격전을 그린다. 경찰은 범죄를 저지른 미성년자를 우선적으로 추격하는 것보다 피해자의 아버지를 잡으려고 한다. 심판, 즉 칼날이 제대로 된 결단을 내리지 못해 방황하는 것이다. 이 같은 예시에서 볼 수 있듯이, 좋은 제목을 위해서는 추상적 제목이더라도 영화나 소설의 내용에 연관되거나 핵심 주제를 압축하거나 상징할 수 있게 만들어야 한다.

음료, 기능과 혜택을 뚜렷하게

첫 번째는 우리가 잘 아는 스타벅스다. 스타벅스의 설립자들은 브랜드 이름이 모험심, 북서부 지역과의 연결, 초기 커피 무역상의 항해 전통을 암시했다. 공동 창업자 중 한 명이 작가였기에 허먼 멜빌의 소설 『모비딕』에 나오는 배 이름을 따서 '피코드'로 하자고 제안했지만, 커피 브랜드 이름으로는 적절하지 않다고 생각해 피코드호를 운항하는 일등 항해사 이름을 따 '스타벅스'가 탄생했다. '스타벅스'의 로고에는 세이렌이 그려졌다. 역시 바다와 관련이 있고 세이렌의 노래처럼 유혹적이라는 의미를 담고 있다.

데킬라 브랜드 '세노테Cenote'를 보자. 세노테는 '천연 우물'이란 뜻이다. 이 브랜드는 유카탄 반도의 아름다운 경치와 이 지역의 장관인 지하수 시스템에서 영감을 받았다. 천연동굴은 다

공성 석회암 기반 암석이 붕괴해 형성된 천연동굴에서 잘 여과된 깨끗한 담수가 있는 비밀 지하 세계를 떠올리게 한다. 마야인들은 가뭄에 시달리기 때문에 우물을 숭배한다. 우물은 지하 세계로 통하는 창으로 비의 신 차크Chaac를 비롯해 여러 여신이 함께 살았다고 한다. '세노테'의 병 디자인도 이름과 같이 수정처럼 투명하고 정교하다. 특히 술의 이름은 문학, 예술, 역사, 종교적인 것을 반영하는 경향이 짙다. 이는 브랜드의 문화적 배경을 형성하고 브랜드의 가치에 영향을 미치기도 한다.

2020년 이후 대한민국에는 수제 맥주의 열풍이 불기 시작했다. 주세법의 개정으로 수제 맥주 양조장이 증설되는 붐이 일었기 때문이다. 이런 열풍으로 '곰표밀맥주'가 출시되었다. '곰표밀맥주'는 양조업체인 '세븐브로이'와 밀가루 대표 브랜드인 대한제분의 '곰표' 브랜드의 상표권을 협업해 출시한 제품이다. '곰표밀맥주'라는 이름은 소비자들에게 '곰표'라는 익숙한 브랜드로 친숙함을 주는 동시에, 왜 맥주에 '곰표'라는 상표가 붙었을까 하는 호기심을 자극하면서 큰 성공을 거두었다. 곰표의 상표권 계약이 만료되는 약 3년간(2020년 5월 ~2023년 3월) 5,850만 캔이 팔렸을 정도로 인기가 좋았다. 이러한 '곰표밀맥주'의 성공에 대해 수제 맥주 업계는 친숙함을 불러일으키는 브랜드 네이밍 전략에 주목했던 것으로 보인다. 원래 수제 맥주 업계의 1위는 '제주맥주'가 차지했는데, 세븐 브로이가 '곰표밀맥주'를 내세워서 업계 2위로 도약하면서 경쟁업체에 큰 자극을 주었다. 이에 자극을 받은 듯한 경쟁업체 카브루는 편의점 업체 GS25와 손잡고 '경복궁맥주'와 '남산 맥주' 같은 경쟁 제품들을 내놓았다. 이 제품들에 시장 반응이 나타나기 시작하자 '광화문' '제주백록담' '성산일출봉' 같은 로컬 네이밍 제품이 쏟아져나왔고 수제 맥주의 전성시대를 몰고 왔다. 지역명으로 친숙함과 호기심을 자극하는 전략은 소비자층의 유입과 동시에 새로운 문화 트렌드로 자리 잡으면서 수제 맥주 업계는 2021년까지 가파른 상승세를 탔다. 이러한 성공에도 불구하고, 현재 수제 맥주 업계는 맥주가 아닌 다른 주류 제품의 개발에 주력하고 있다. 2022년 이후 캔맥주 시장의 매출이 감소하기 시작했기 때문이다. 일각에서는 기존의 상표와 협업한 친숙한 네이밍의 제품들이 소비자에게 식상해졌기 때문이라는 의견도 있다. 그 의견도 충분히 설득력 있지만, 실질적으로 캔맥주의 매출이 감소한 이유는 바로 '하이볼'(스카치위스키+탄산수 칵테일 형태의 주류)의 유행 때문이다. 2023년 여름을 겨냥해서 편의점 업체를 중심으로 수많은 하이볼 제품이 출시되거나 출시 예정인 것만 봐도 그렇다.

화장품, 언어적 비유와 상징

LG생활건강의 '이자녹스'는 단박에 조선 시대 '장녹수'가 떠오른다. '이자벨 아자니'의 이국적 모습도 보인다. 화장품 '베네피트benefit'는 이탈리아어로 '좋다'는 뜻의 '베네bene'와 '피트Fit'가 결합해 '나에게 딱 어울리는 좋은 화장품'이란 뜻으로 둔갑한다. '엔프라니' '아이오페' '메소니에' '헤르시나' 등도 언뜻 파악하기 힘들지만 모두 화장품이 갖춰야 할 그야말로 에센스들이다. '설화수sulwhasoo'는 '나이라는 가지 위에 빼어난 아름다움의 눈꽃을 피운다'는 의미로 눈 위에 핀 아름다운 꽃의 이미지다. 한국적인 고급스러움이 느껴지는 이름이다.

화장품 이름은 아름다움을 향한 여성들의 언어적 감수성이 필수적이다. 저가 화장품 미샤는 왜 미샤라고 했을까? 미샤의 대표 이사는 TV에서 우연히 첼리스트 '미샤 마이스키Mischa Maisky'를 보고, 이름의 어감이 좋아서 '미샤'로 정했다고 한다. 단순히 어감뿐만 아니라 저가이기에 격조 있는 이미지를 보완하기 위해서도 이 이름을 사용했다. '더바디샵'을 벤치마

킹한 '더페이스샵'도 마찬가지다. 기능성 화장품이라도 감성적으로 세련된 이미지로 접근해야 한다. 화장품의 본질이기 때문이다.

LG생활건강 명품 화장품 '숨37°'는 숨, 생명 소생의 비밀을 의미한다. '37°'는 삼나무 통에서 발효하기에 가장 좋은 온도이며, 인체의 체온과도 같다. '숨37°'는 자연 속 미생물의 자연 발효 과정에서 영감을 받아 그 생성물에서 피부에 유익한 성분을 추출해 자연의 생명력을 담은 자연 발효 화장품으로, 순수 식물 발효 화장품의 세계 최고 수준을 담보하고 있다. 'AGE20's'는 애경산업주식회사의 주력 화장품 브랜드다. 브랜드 슬로건인 '영주이십'은 피부 미학을 탐구해 여성들이 스무 살의 매끄러운 피부로 돌아갈 수 있게 하고, 생명 에너지 넘치는 아름다운 삶을 추구하도록 돕는다는 의미다. 젊은 화장품 소비자는 즉흥적으로 제품에 관심을 보이고, 호감과 구매 욕구를 느끼므로 유행에 더 신경을 써 단시간에 그들의 흥미를 끌어야 한다.

의료, 본질 기반의 기능적 특수성

'2028 치약'은 20개의 치아를 80세까지 건강하게 보존하자는 뜻이다.

'예쁨주의쁨의원' '다미인성형외과의원' '프롬미 from me · 美' 등은 아름다움과 착 붙어 있어 읽기도 의미도 좋으며 기억하기도 쉽다. '다미인성형외과의원'은 일반인도 미인이 될 수 있다는 기대감을 유도하기도 한다. '미'를 주제로 한 업소에 오는 소비자들은 모두 아름다움에 관심이 있는 소비자들이다.

'락토핏'과 '비에날씬'은 모두 유산균 브랜드다. 각각의 브랜드는 고유한 특징과 소비자에게 강한 인상을 남기는 요소가 있다. 이들의 브랜드 포지셔닝과 마케팅 전략이 다르므로 광고나 홍보의 내용도 다르다. '비에날씬'의 광고 모델은 김희선이며, 광고에서는 '다이어트, 여성, 우아' 같은 요소를 전달해서 다이어트를 하는 소비자를 겨냥했다.

식당과 카페, 독특한 감성의 기대감

연남동은 홍대입구역 3번 출구 앞 일대를 말하며, 언제나 사람들이 북적이는 젊음의 거리다. 작가, 예술가, 음악가, 디자이너 등의 예술가가 많이 거주하며, 그들의 활동과 문화적 영향력으로 독특한 분위기와 이미지를 갖추었다. 맛집이 많고, 도시재생 사업을 통해 자연적인 공원에서 산책을 즐길 수도 있다. 다양한 매력이 있는 연남동은 젊은 층이 운영하는 가게가 많고, MZ세대를 타깃으로 한 가게가 대부분이다. 감성적이고 센스 있는 상품이나 물건이 준비된 가게가 아니면 연남동에서 살아남기 어렵다. 연남동에 있는 가게들의 이름을 중심으로 살펴보자.

'아뜨뜨'와 '오물오물'은 독특하면서도 귀여운 느낌을 주어서 식당의 이름을 강하게 인식시키는 효과가 있다. 반복되는 음절을 통해 입말의 흥미가 느껴진다. '와플칸'과 '꽈페'의 간판에선 간단한 이미지를 통해 가게의 대표 메뉴를 보여 준다. 먹음직스러운 디저트의 모습을 행인에게 노출해 방문을 유도한다. '술퍼마켓'은 주 판매품목인 술과 슈퍼마켓을 결합해 '술을 파는 슈퍼마켓'이라는 가게의 정체성을 드러내면서, '술을 퍼마신다'라는 의미도 함께 떠올리도록 유도한다.

'해피헤비드링커'라는 이름은 '해피'와 '헤비'의 소리가 비슷한 것을 이용해 리듬감을 느끼게 하면서, 'heavy drinker(술고

래)'라는 술과 관련된 단어를 통해 술집이라는 정체성을 드러
낸다.

'쏘슐랭'과 '연어롭다'도 재미있는 이름이다 '쏘슐랭'은 소주
와 미슐랭의 단어 결합으로, 미슐랭 출신 셰프가 있는 술집이
다. 소주의 '소'를 '쏘'로 바꾸어 귀여운 느낌을 주면서 술집
임을 나타내고, 미슐랭 출신이라는 가게의 장점을 어필하고
있다. '연어롭다'는 '연어'와 '아름답다'의 단어 결합으로, 가
게의 주메뉴인 연어와 제주도의 모습을 연상시키는 아름다운
인테리어를 뽐낸다.

단순하고 간결한 이름의 '섬'과 '표정'도 있다. 해산물 덮밥
맛집인 '섬'과 디저트 가게인 '표정'도 이름으로 가게의 정보
를 알아내기는 어렵지만, 그만큼 감성을 중요시하는 연남동
의 특성을 잘 담아낸 이름이다. '섬'은 가게 외관과 내부를 섬
처럼 꾸며놓아 이름과 어울리게 했고, '표정'은 맛있고 아기자
기한 디저트로 손님의 표정에 행복을 담겠다는 목표를 가게의
이름에 담았다. 심플함을 무기로 쉽게 기억할 수 있는 이름이
다. 이름에 낭만적이고 신비로운 느낌을 주어 궁금증을 유발
하고, 방문하면 이름의 의미도 이해할 수 있게 한 성공적인 스
토리텔링 이름짓기다.

'씨스루'는 디저트 카페인데 메뉴 이름이 재미있다. '초코'를 '쪼꼬'로 애교스럽게 표현하고 '키키' '킥킥킥'처럼 반복되는 음절을 넣는 방식으로 제품의 메인 재료나 특징을 반영해서 귀여운 느낌을 강조한다.

가게가 있는 위치와 분위기에 어울리게 이름을 짓는 일은 매우 중요하다. 대화나 사색이 목적인 카페의 특성상 연남동의 아기자기하고 트렌디한 분위기를 잘 담아야 한다.

VI

슬로건, 이름의 빛나는 조력자

이름은 사주팔자가 아니다.
시대적 감수성과 마케팅, 창의적 관점이 녹아든 문화 콘텐츠다.
트렌드를 읽고 트렌드를 만드는 트렌드 라이터의 기질에는
호기심과 통찰력, 목표의식이 요구된다.

이름이란
작가의 의도와 쓰는 이의 필요가 만나는 다리

셰프가 조리한 음식을 정성껏 그릇에 담아 손님에게 내놓듯이 이름은 글과 이미지로 표현되어 고객에게 전달된다. 여기엔 제품이나 서비스가 갖는 특성이 반영된다. 중국집과 한식집, 양식집의 음식 그릇을 떠올려 보라. 국과 찌개와 수프를 담는 그릇이 저마다 다른 것은 당연하다. 이름과 이름을 보완하는 슬로건과 카피에도 상품별로 몇 가지 원칙이 있다.

자동차와 화장품을 판매하는 세일즈 베테랑의 말을 유심히 들어 보라. 차이점이 확연하다. 자동차는 신뢰도를 높여야 팔린다. 편안하고 안락한 테이블에 앉아 부드러운 화법과 전문적용어를 섞어 고객과 대화하는 고급스러운 느낌을 주어야 한다. 복장 또한 세련된 정장 차림이어야 한다. 화장품은 기대감을 높여야 한다. 영양 크림을 바른다고 얼굴에 갑자기 윤기가 도는 것은 아니고, 립스틱을 칠한다고 화사한 생기가 도는 것은 아니지만, 타고난 피부를 지닌 모델의 한마디엔 자신도 머지않아 그렇게 될 수 있다는 꿈이 담긴다. 이름은 브랜드 정체성을 반영한다. 자동차와 화장품의 쓰임새와 가격과 고객이 다르듯 상품군마다 브랜드 정체성이 다르다. 당연히 상품군에 따라 쓰이는 작명의 원칙이 있다. 주류 광고에 쓰이는 단어나 문장이 자동차 광고에 쓰이는 단어나 문장과 다른 것은 당연하다. 기본이 튼튼해야 응용이 가능하다. 여기 10개 카테고리로 나누어 이름과 카피의 전략적 접근법의 변화와 시사점을 요약했다. 당신이 고민하는 문제를 해결하는 뿌리를 발견하기 바란다.

아파트: 주거에서 일과 휴식의 공존으로

'센트레빌에 산다는 건 집에서 더 몰입할 수 있다는 것'이라는 카피를 달고 정우성이라는 빅 모델을 기용했던 아파트 광고가 있다. 코로나가 집이라는 공간을 일터로 바꾸었듯이 주방은 주부가 일하는 공간에서 가족과 소통하는 공간으로 바뀌었다. '건강한 사치를 누리자'라는 카피로 아파트에 웰빙의 의미를 부여한 '포스코 더샵'의 광고, 아파트와 생태계의 조화를 강조한 대림건설의 'e-편한세상', 기능성과 심미성을 높여 주방을 주부의 사무실 또는 가족 공간으로 업그레이드한 '한샘 인텔리전트 키친', 주부의 키에 맞는 인체 공학적 설계로 웰빙 인테리어를 강조한 리바트 주방가구 '리첸'의 광고를 살펴보라. 시대가 변하면 주거의 개념도 바뀐다. 그 관점을 대입해서 이름을 만들어야 한다.

자동차: 과시욕에서 환경친화적 이동수단으로

자동차는 권력과 스피드 탐험의 대명사다. 한때 자동차는 말 대신 부자의 경제력과 지위를 나타내는 수단이었다. 퍼포먼스의 명가 'BMW'는 남자가 태어나서 해야 할 세 가지 일 중 하나가 'BMW'를 운전하는 것이라고 했다. '아우디 S4'는 스피드의 우수성을 비행기, 스키의 속도감과 견주어 박진감 있게 표현했다. '혼다'는 모든 남자가 '혼다'를 운전하는 꿈을 갖고 태어난다고 했다. 사고가 나도 사람만은 안전하다는 점을 강조하는 '볼보'는 열심히 일하고 화끈하게 휴식하는 남성에게 적합하다고 했다. '닛산'은 미끈한 열쇠와 자동차의 디자인으로 멋스러움을 표현했다.

반면 실속을 강조한 소형차로 세계적인 명차의 반열에 올라선 자동차 회사도 있다. 바로 '폭스바겐'이다. 작지만 연료 효율성과 안전성이 뛰어난 '비틀', 여백이 많은 비주얼의 '폭스바겐 뉴비틀', 휴대 전화기와 카메라가 첨단 기능을 보유할수록 더 작아지듯이 첨단 성능과 감각적인 디자인이 만난 미래의 자동차 'BMW 미니' 등이 그렇다. SUV 차량은 본질적으로 힘을 추구한다. '지프'는 다른 자동차보다 모험을 좋아하는 사람을 위한 특별한 자동차임을 표현한다. '랜드로버'는 아프리카 대자연의 사파리를 배경으로 강하고 야성적인 면을 어필했다. '도요타'는 거친 길이나 장애물에도 끄떡없는 자동차의 힘과 자신감을 시각적 기법과 함께 유머러스하게 표현했다. 남성성과 과시의 전유물에서 가족과 취향의 동반자로 변하고 있다. 또 속도에서 안전으로, 디자인에서 친환경으로 관심이 옮겨 가고 있다.

유명스타들의 재력은 미녀와 집 그리고 자동차로 상징된다.

이제 자동차가 뿜어내는 매연은 대기오염의 주범으로 몰리고 있다. 이동 수단인 만큼 필요할 때만 쓰면 된다고 생각하기 시작했다. 동시에 환경오염의 문제를 해결해 줄 전기차에 대한 관심이 커지고 있다. 자연히 최근의 자동차 광고는 환경과 생태계를 접목하고 있다. 도요타 에코 프로젝트 광고는 환경친화적인 미래형 자동차를 준비했음을 내추럴한 비주얼로 전달한다. 볼보도 자동차가 환경에 미치는 악영향을 최소화하기 위해 유동성 페인트의 재활용, 생태계 파괴 방지를 위한 새로운 설계 시스템 등을 도입했음을 알렸다.

전자와 가전: 아날로그와 디지털의 타협

가전과 전자기기는 최첨단 유목민의 필수품으로, 융합과 연결이나 이동과 감성을 본질로 한다. 이들은 섞이고 얽혀 또 다른 제품과 서비스를 파생한다. 융합fusion의 대표주자는 스마트폰이다. TV, 디지털카메라, mp3, 인터넷, 캠코더의 기능을 모두 갖추었음을 표현하는 것이 스마트폰 광고의 주된 과제다. 카메라 기능이든 메모 기능이든 새로운 기술의 융합 자체가 다양한 감각을 동시에 충족해 주고 있음을 표현한다. 연결linking

은 통신사가 지향하는 광고 주제의 중요한 항목이다. 망이 존재해야 이런 기술도 쓸모 있다는 점을 강조해 자신의 존재 가치를 드러낸다. 최첨단 기술에 걸맞게 이들은 인본주의적 카피들을 삽입했다.

'이동portable'은 컴퓨터나 세탁기, 청소기 등 선 없이 작업이 가능한 무선기기의 광고 주제다. 휴대하기 쉬울 뿐만 아니라 들고 다니는 그 자체로 스타일이 된다고 어필하는 광고도 있다. 노트북 하나면 꽉 막힌 사무실을 벗어나 자연을 만끽할 기회가 더 많아지고, 그만큼 인생이 여유롭고 행복해진다고 말하는 노트북 광고가 있다. 또 '여자라서 행복해요'라는 카피를 유행시킨 LG전자 디오스 냉장고도 있다. 세탁기도 건조기와 함께 구석에 숨겨 놓은 기계에서 당당하게 존재감을 드러내는 제품으로 변했다. 기술로 진보된 삶에 일조한다고 어필하는 LG전자 트롬세탁기, 세탁을 위한 기계에서 인테리어 디자인 제품으로 발전한 삼성전자 하우젠 세탁기가 있다.

가구의 개념도 무거움에서 가벼움으로 바뀌었다. 아무리 좁은 공간에서라도 편리하고 감각적으로 생활할 수 있음을 유머러스한 기법으로 표현한 IKEA 광고가 대표적이다. 오디오 기기도 음질에서 디자인으로 관점이 바뀌었다. 집을 갤러리로, 오디로를 음악을 듣는 기계가 아닌 예술작품으로 표현해 디자인적 우수성을 강조한 'BANG&OLUFSEN'의 광고가 있다. 에어컨도 본연의 기능은 물론 환경에 대한 책임까지 강조한다. 비타민이 첨가된 공기를 배출해 가족의 건강 증진에 기여한다고 말하는 '클라쎄' 광고, 에어컨을 켜는 즉시 청결한 공기가 나옴을 차별적 강점으로 알리는 '위니아' 에어컨 광고가 있다. 먹고살 만한 세상이다. 주방용품도 실용성에서 예술성을 더하고 있다. 디자인이 아름다운 은식기의 효용을 포스트모던한 감성과 위트로 풀어낸 오니다의 광고가 있다. 욕실제품도 최첨단 기능에 고품격 감각을 보태고 있다. 화사한 화이트 톤으로 비데의 청결성을 표현한 로얄 광고, 책을 읽고 휴식을 취하는 서재의 개념을 욕실에 부여한 아메리칸 스탠더드의 광고가 있다.

음식: 건강의 슬로 푸드와 간편의 인스턴트

'켈로그 후레이크'는 늘 어린이들에게 좋은 안전한 식품임을 표현한다. '다농 요구르트'는 137년 동안 요구르트를 먹었던 할머니가 선택할 만큼 좋다고 표현했다. '프린스 스파게티 소스' 광고는 오리지널 이탈리아 요리의 맛을 명화를 소재로 나타냈다. '농협 러브米' 캠페인은 건강함의 상징인 축구 선수들을 등장시켜 "밥 먹었니? 사랑한다면 꼭 챙겨 주세요"라는 카피로 쌀 소비를 장려했다.

도시와 자연 또한 음식 광고 카피에 자주 등장한다. 자연을 오브제로 등장시켜 웰빙 식품임을 표현했다. 생존과 건강은 음식 광고의 본질이다. 생존에서 웰빙으로, 맛에서 멋으로 변하고 있다. 그러나 코로나 팬데믹으로 패스트푸드 열풍이 동시에 불었다. 편리함이 프리미엄이 되는 세상이다.

음료: 본질에서 기능적 차별화로

1. 생수와 콜라

생수는 순수한 자연수에서 생명 필수품으로 포지셔닝이 진화하는 중이다. 웰빙 라이프와 자연이 훼손되는 만큼 여성의 아름다움과 다이어트에도 생수는 필수품이다. 행복한 피부를 위한 필수품이란 방향성도 있다. '아크 생수' 광고는 거대한 자연에서 얻어진 순수한 물을 표현한다. 나무가 우거진 숲에서 2,000년간 흘러온 물임을 동양적 감성으로 표현한 산토리 생수 '덴덴스' 광고, 보기만 해도 날씬한 병 모양처럼 살이 쏙 빠질 것 같은 네슬레 워터스의 '콩트레' 광고도 있다. 내 아이에게만큼은 어느 것보다 좋고 안전한 것을 먹이고 싶은 것이 엄마의 마음이라서 세상에서 가장 깨끗하고 안전한 물로 아기의 분유를 타라고 말하기도 한다. 그야말로 용도의 확장이다. 생수병의 미끈한 라인을 이용해 날씬해지고 싶은 여성의 심리를 자극해서 갓 피어난 꽃처럼 아름다워지려면 생명력 넘치는 생수를 마시라고 하기도 한다. 늦은 밤, 술병 대신 놓인 생수병, 트렌디한 도시 생활의 대명사로 어필하고 슬림 보디라인과 아름다운 피부로 '행복한 나체가 되어라'라고 말하는 '에비앙' 광고는 생수 광고의 지침서. 우리나라에는 제주도의 천연 암반수로 만든 물이라고 주장하는 '삼다수'와 백두산 천지에서 나온 물이라서 천지 차이라고 말하는 '백산수' 광고가 대표적이다.

늘 광고 시장의 중심에 있었던 콜라는 짜릿한 즐거움에서 인생의 동반자로 친근함을 더해 준다. '코카콜라'와 '펩시콜라'는 단지 하나의 음료로 그치지 않는다. 그 자체가 마시는 음료의 카테고리다. 100년을 넘게 이어온 그들의 역사는 기념비적이다. 그들의 광고 역사도 광고계에 한 획을 그었다. 최근까지 서로를 치고받았던 비교 광고는 교과서적이다. 이제 그들은 생활 속으로 파고들고 있다. '코카콜라'는 산타클로스를 등장시켜 여름 상품이라는 이미지를 불식하고, 제품의 우수성과 특성만을 강조하는 데서 더 나아가 삶의 재충전과 즐거움을 돕는 일상의 동반자로 그 의미를 확장했다. '펩시콜라'를 마시는 사람은 나이에 상관없이 신세대임을 강조하고, 젊고 즐겁게 살고자 '펩시콜라'를 마신다는 팝아트 느낌의 글귀를 통해 클래시컬한 '코카콜라'와 차별화를 꾀한다. 하지만 그들도 최근 건강이나 다이어트에 대한 욕구의 변화에 대한 압력을 받고 있다. 콜라를 마셔도 단단한 복근을 갖는 데 전혀 지장이 없음을 강조한다. '코카콜라 라이트'를 마시면 명화 속 풍만한 몸이 아닌 늘씬한 몸을 가질 수 있음을 표현한다. '다이어트 펩시'는 콜라 한 캔을 다 마시고도 작은 쥐구멍에 쏙 들어갈 만큼 여전히 날씬한 고양이 광고를 등장시키며, '펩시콜라'는 늘 신세대의 선택임을 강조한다.

2. 과즙음료

과즙음료는 풍부한 영양을 강조한다. '이름 그 자체로 품질을 보증한다'는 카피의 썬키스트 광고, 칼슘이 풍부한 음료임을 팝아트 기법으로 표현한 V8 광고, 유명인의 콧수염 이미지를 활용한 'Got Milk' 우유 캠페인이 유명하다. 셀러브리티들이 등장해 우유가 얼마나 몸에 좋은지를 우유가 묻은 입가의 수염으로 단숨에 알렸다. 스포츠 음료는 다이어트의 시대를 줄기차게 열어 가고 있다. 단단하고 탄력 있는 복근도 만들고 음료의 청량감도 즐기라고 말하는 브라질의 인기 음료 '다이어트 과라나', 날짜가 지날수록 숫자가 점점 가늘어지는 달력 비주얼로 음료를 마시면 점점 날씬해진다는 '캠프 라이트' 광고가 있다.

커피는 재충전과 사색이다. '얼마나 커피가 마시고 싶었으면…'이라는 카피의 '던킨도너츠' 광고, 지구의 다양한 아침 풍경과 더불어 '좋은 아침을 여는 좋은 커피'라는 이미지를 서정적으로 전달한 '네스카페', 오후 4시의 커피 브레이크를 범사회적 문화로 정착하는 데 공헌한 미국 커피 협회 'NCA' 광고가 있다.

차茶는 맛과 전통이 본질이다. '트와이닝' 광고는 설탕이 필요 없는 차의 우수성을 인물의 강직한 표정으로 극대화했다. 산토리의 '우롱차' 광고는 느리고 아름다운 여인의 움직임으로 차를 마실 때의 맑고 평화로운 기분을 표현한다. 브랜드가 세분화하면 카피는 그 기능들을 충실히 알리는 데 역할을 다한다.

패션: 메가트렌드에서 각각의 개성으로

패션 스타일에 따라 카피도 따라간다. 매니시룩에서는 전용 비행기에서 내려 회의를 주재하고 다시 전용 비행기로 이동하는 최정상의 강한 여성 이미지를 보여 준 '도나 카란' 광고가 있다. 메트로섹슈얼룩에서는 타고난 미남보다 스스로 장점을 드러내며 가꿀 줄 아는 남자가 진정으로 멋진 남자임을 이야기하는 남성복 '본Bon'과 '크리스티앙 라크르와Christan Lacroix'가 있다. 명품족은 브랜드 네임만으로도 소비자의 소득 수준과 패션 감각을 대변해 주는 세계적 명품 브랜드 '구찌' '살바토레' '페라가모' 등이 있다. 패션광고는 카피보다 그들의 이미지를 대변하는 한 장의 사진이 모든 것을 말해 준다. 패션은 보이는 것이 중요하기 때문이다. 매스티지족은 기존의 명품 브랜드보다 합리적인 가격으로 감각적인 디자인과 높은 품질의 제품을 선보이며 트렌드 리더들에게 사랑을 받는 브랜드 'COACH'나 'MCM' 광고를 참고하면 된다. 네오 클래식룩은 영국 전통과 문화를 대변하는 클래식 명품 '버버리'가 대표적이다. 스포츠룩은 활동적 이미지를 추구한다. 일상의 장면에 스포츠룩을 등장시켜 스포츠의 생활화를 감각적으로 표현한 '르 코크 스포르티프' 광고를 참고하라. 내추럴룩은 자연을 무대로 하되, 스타일링과 포즈, 상황 설정에 키치 이미지를 더해 풍자적인 브랜드의 감각적 정체성을 놓치지 않은 '디젤' 광고가 대표적이다. 섹시룩은 섹스를 어필하는 비주얼로 전통적 명품 이미지에 트렌디하고 패셔너블한 이미지를 더한 '루이비통' 광고가 있고, 섹시함을 넘어서 다소 선정적이기까지 한 비주얼로 일관된 브랜드 이미지를 만드는 '시슬리' 광고가 있다.

진, 영원한 패션 아이템

작업복에서 패션으로, 저항의 정신에서 멋의 기본으로 변했다. 청바지는 광부, 철도원, 카우보이 등이 작업할 때 입는 튼튼한 옷으로 인기를 얻어 세계적인 패션으로 발전해 미국 문화의 상징이 되었는데, 초창기 '리바이스' 광고가 유명하다. 검은 머리가 파 뿌리가 되도록 함께할 부부처럼 청바지 역시 죽음이 갈라놓을 때까지 입을 수 있다는 비주얼과 카피로 견고함을 표현한다. 또 땀에 젖은 채 함성을 지르는 남성들의 거친 모습으로 투지와 남성미를 표현한다. 어린아이는 계속해서 성장해 가겠지만 완벽한 '리바이스 진'은 더는 발전이 필요하지 않다는 카피로 제품의 우수성을 강조한다. 사람을 가는 선으로 표현하고 상표를 붙여 다리가 날씬해 보인다는 것을 강조한 '리바이스 슬림 진' 광고와 움직임이 자유롭다는 제품의 특징을 액티브하고 입체적인 그래픽으로 표현한 '리바이스 엔지니어드진' 광고가 있다. 덤불을 헤지고 벽을 뚫고 거침없이 질주하는 남녀의 스피디한 모션이 눈길을 사로잡으며 신체와 감정의 모든 한계를 뛰어넘는 자유로운 움직임을 강조한 리바이스 엔지니어드진 광고는 그중 가장 유명한 광고로 꼽힌다. 떠남, 자유, 젊음 등을 모티브로 새로운 세계의 동경을 표현하거나 9시의 데이트를 앞두고 8시 55분에 발톱을 손질하는 여유, 한 달에 350달러의 세를 내는 집에 살면서 주말을 위해서는 750달러를 쓰는 자유를 표현한 '리LEE' 광고가 있다. '빅존 Big John' 광고는 남성의 거친 생명력과 야성미를 제품 이미지에 투영했다. '버팔로 진' 광고는 '경고, 위험한 진' '기대기엔 위험한 것' '첫눈에 반해 섹스에 탐닉하는 젊은 연인'이라는 카피로 청바지의 섹시함을 표현한다. '캘빈 클라인' 광고는 남녀가 뒤엉켜 있는 노골적인 성을 표현하거나 나신의 브룩 쉴즈를 모델로 '청바지와 자신 사이엔 아무것도 없다'라는 카피로 명실상부한 섹시 진의 대명사임을 강렬하게 인식시켰다.

알코올은 현재의 축제이고 전성기에 대한 회고다. 양주라면 음험한 뒷거래일 수도 있다. 기본적으로 인생의 철학이다. 반밖에 없거나 반이나 남았거나 하는 비관주의자와 낙관주의자의 관점을 동시에 담은 '시바스 리갈'의 철학적 카피는 유명하다. 술 한 병은 사라졌으나 대신 좋은 친구를 사귀게 되었다는 카피도 인상적이다.

시간과 전통을 담기도 한다. 춤추고, 노래하고, 한 잔의 코냑에 담긴 인생의 여러 단면을 보여주는 '레미 마르탱' 광고가 있다. 기다림과 인내는 좋은 위스키를 얻기 위한 필수 조건이라는 것을 여운이 남는 흑백사진과 위트 있는 카피로 표현한 '글렌리벳 위스키' 광고도 있다. '산토리 올드' 광고는 적당할 때 적당한 양만큼 마시는 술처럼 지름길 따위는 믿지 말고 적당하고 즐겁게 인생을 살아가면 된다는 철학을 백발이 멋스러운 존 휴스턴의 이미지를 통해 전달한다. '산토리 크레스트' 광고는 연륜이 쌓이면서 더욱 멋스러워진 숀 코너리처럼 오래될수록 더 값진 위스키라는 뜻으로 '시간은 흐르는 게 아니라 쌓이는 것'이라는 카피로 유명하다. 한편으로는 술을 마시는 시간은 휴식과 위로의 순간이다. 시원한 '윈저 캐너디언' 한 잔은 '오늘에 안녕'이란 카피로 내일을 향한 용기를 주는 인생의 동반자다. 현재를 즐기라는 낙천성의 발현일 수도 있다. 토요일, 일요일, 토요일, 일요일 그리고 공휴일이라고 스스로 즐기며 살아가면 우리네 인생이 마치 휴일처럼 유쾌하고 신날 것이라고 외치는 '서던 컴포트' 카피가 그렇다. 술이 에로티시즘을 멀리할 수 없다. 많은 경우에 술은 남녀가 서로 사랑하고 유혹하도록 조장하거나 용기를 준다. 사랑에 빠진 남녀를 등장시킨 '시바스 리갈' '헤네시 코냑', 그래픽으로 비키니 입은 여인의 몸을 형상화한 '기네스', 2개의 와인 잔으로 여성의 보디라인을 그려낸 '보르도 와인', 목에 새겨진 키스 마크를 클로즈업해서 강렬하고 노골적으로 섹스어필하는 '레드 스퀘어' 광고 등이 있다. 술은 한편으로는 본능과 무의식을 그린다. 순한 양 사이에 음흉한 늑대가 숨어 있거나 체스판 위의 킹과 퀸이 경쟁자라는 숙명을 저버리고 부둥켜안는다. 포장을 벗기면 다른 세계가 있을지도 모른다고 말하는 '스미노프 보드카' 카피도 눈여겨볼 만하다.

화장품: 아름다움에서 개성미로

서로의 몸을 탐닉하는 남녀의 비주얼을 통해 아름다운 몸은 이성을 유혹하는 경쟁력이라고 말하는 시대가 있었다. 아름다움을 갈망하는 여인과 그녀의 시선이 머무는 곳에 각종 화장품을 등장시켰다. 세상은 변했고 성에 대한 편협한 관점은 사라지고 환경과 건강에 대한 걱정은 커가고 있다. 화장품의 의미도 이런 사회적 의미를 담았다. 천연 식물 성분으로 싱그럽고 부드러운 피부를 가꾸라고 말하는 '더바디샵' 광고와 단순히 나를 치장하는 도구가 아니라 지구라는 몸과 환경을 생각한다는 철학을 제품과 브랜드에 부여한 '아베다' 광고가 있다. 남자도 멋있고 매끈한 몸매와 얼굴을 가꿔야 하는 시대가 왔음을 보여 주는 남성용 뷰티 제품 광고도 속속 등장하고 있다. 남성의 몸이 노동의 도구에서 심미적 대상의 감상하는 몸으로 의미가 바뀌면서, 얼굴 화장 못지않게 보디라인을 아름답게 보이도록 하는 것도 이 시대 모든 남녀의 과제가 되었다. 클로즈업 비주얼로 매끈하고 탄력 있는 몸매에 대한 동경을 불러일으키는 산에이Sanei의 '샤워젤 보디로션' 광고가 있다. 무엇보다도 이 부문의 이슈 선점은 도브Dove의 '리얼뷰티' 캠페인이다. 아름다움은 조각처럼 다듬어진 특정한 여인들만이 아니라, 스스로 자부심을 가진 모든 여성에게 해당하는 단어임을 상기하는 광고다. 이 캠페인에는 일반 여성이 등장한다. 주름이 패도, 가슴이 작아도, 주근깨가 가득해도 다른 사람들과 구별되는 특별한 나이기에 누구나 아름답다고 당당히 외친다. 머릿결과 관련된 헤어 제품과 치아와 관련된 치아미백 상품도 세분화한 광고 메시지를 쓰고 있다. 깨끗함은 기본이고 쇠사슬처럼 거친 머리카락이나 용수철처럼 구부러진 머리카락도 부드럽고 윤기 있게 가꿔 준다는 세다Seda 샴푸 광고, 이브를 연상하는 길고 아름다운 머릿결로 원초적인 아름다움을 표현한 '웰라' 광고, 일상에서 윤기 있고 부드러운 머릿결을 유지하고 싶은 욕망을 드러낸 비달사순의 '헤어크림' 광고가 있다. 면도기에도 여성을 위한 면도기가 등장했다. 면도한 얼굴이 아기가 입맞춤할 만큼 부드럽고 매끈하다는 것과 다리의 털을 면도한 여성과 이를 지켜보는 고양이를 대비시킨 아이디어가 재미있는 'BIC' 여성용 면도기 광고. 치약 광고는 치아 건강에서 미백으로 변하고 있다. 대표적으로 치아에서 반사된 빛에 눈이 부신 사람들의 잇몸을 자동차의 헤드라이트로 표현해서 미백 효과를 극대화한 '콜게이트' 광고, 누런 이 때문에 웃지 못하던 사람들이 치아 미백 제품 사용 후 환한 웃음을 찾았다는 '크레스트' 광고가 있다. 청결제 광고도 구취 제거에서 옷 냄새 제거까지 다양한 종류가 있다. 사람의 입을 통조림과 변기에 비교해 그 냄새와 불결함을 지적한 구강 청결제 '오도리Odoli' 광고, 정육점의 고기 포장에 담긴 사람의 옷을 보여주는 기발한 아이디어로 냄새로부터 자유로워져야 한다고 말하는 방취제 '샤우트Shout' 광고가 있었다. 이제 향수는 대중화되었고, 다양한 종류의 향이 아로마 요법처럼 치유 능력까지 발휘한다. 거칠고 메마른 나뭇가지 같은 손도 부드럽고 아름다워질 수 있다고 말하는 '뉴트로지나 핸드크림' 광고나 남녀 간의 사랑과 유혹을 모티브로 '섹시한 향기가 사랑을 부른다'라는 메시지를 전하는 '돌체앤가바나' 향수 광고도 유명하다.

스포츠: 개인적 승리에서 사회적 움직임으로

스포츠 정신은 승리를 위한 열정을 다룬다. '태그호이어TAGHeuer' 광고는 경사를 미끄러져 내려가는 봅슬레이와 엄청난 가속도로 그 뒤를 쫓아오는 공과의 경주로 정신력의 싸움을 역동적으로 표현해 경쟁심을 자극한다. '자기 자신과의 싸움'

이라는 스포츠 정신의 본질을 강렬하게 전달한 '세이코' 시계 광고에는 '도전정신'이 담겨 있다. 세계 최초로 10점 만점을 받은 루마니아의 체조 요정 나디아 코마네치와 육상 종목 4개 부문을 석권한 육상의 전설 제시 오웬스의 모습을 보여 주며 '불가능은 없다'는 스포츠 정신을 강조하는 '아디다스' 광고도 마찬가지다. 그들은 무하마드 알리, 데이비드 베컴, 트레이시 맥그레이디 등 자신의 한계를 뛰어넘은 스포츠 스타를 차례로 등장시켜 불가능은 없다는 메시지를 전달했다. 용기도 스포츠 브랜드의 중요한 덕목이다. 폭풍우가 불어닥칠 듯한 날씨 때문에 바다로 뛰어들지 못하고 주춤거리는 젊은이들을 뒤로하고 파도를 향해 서핑을 시작하는 할아버지, '나이의 한계는 없다'는 브랜드 정신을 전하는 스포츠 시계 '섹터Sector'의 광고가 있다. 기독교인들이 교회에서 영혼의 안식을 얻듯, 산악인은 산에서 영혼의 쉼과 삶의 에너지를 얻을 수 있다고 한 K2는 'upon the rock, I build my church'라는 카피를 사용했다. 나이키는 늘 위대한 꿈을 소재로 한다. 대중이 좋아하는 스포츠 스타를 등장시켜 그들이 제품을 선호한다는 카피로 신뢰감과 친근한 이미지를 심는다. 스포츠의 정신에는 젊음이란 주제도 밀착되어 있다. 움직이지 않고 멈추어 서서 인생을 그저 흘려 보낼 것인지, 아니면 달리고 운동하며 적극적으로 삶을 즐길 것인지 질문을 던지는 '아디다스' 광고가 그렇다. 달리는 사람은 더욱 많은 에너지를 얻어 다른 사람보다 나이에 대한 거짓말을 적게 하고, 결혼생활도 더 열정적으로 오래 유지할 수 있다고 표현한다.

여성용품의 경우는 약간 다르다. 한마디로 기능적이다. 자신의 몸과 마음을 컨트롤하고 스트레스를 해소하는 '테라피'라는 메시지를 전하고 몸짱을 위한 요가복의 스페셜 스포츠 웨어라고 표현하기도 한다. 아디다스는 움직임을 더 아름답게 만드는 것임을 요가 동작과 그에 어울리는 다양한 요가복을 등장시켜 표현했다. '이스파시오 피트니스 센터'는 고전 조각상처럼 황금 분할의 몸매를 가지라는 메시지를 유머러스하게 표현하기도 한다. 나이키의 'Just Do It'은 폭스바겐의 'Think small'과 함께 위대한 카피로 손꼽힌다. 틀이 없이 누구든, 어디든 즐길 수 있다는 행동주의를 선언했다. 위대한 카피는 시대의 철학을 담아서 만들어진다.

여행은 현실을 떠나 새로운 세상과 만나는 동경의 세계다. 타인과 이국에 대한 판타지다.

하늘 높이 날아올라 먼 곳으로 떠나고 싶은 인간의 욕망을 일깨우며 여행을 권장하는 '말레이시아 항공', 국내 휴가를 선호하는 프랑스인에게 해외여행의 즐거움과 이점을 유머러스하게 설명하는 '제투르 여행사'의 광고가 있다. 재충전과 과중한 일상에서 벗어나 먼 곳으로 가서 새로운 세상을 경험하라는 '하얏트 호텔' 광고와 기차를 타고 고즈넉한 역사 도시에 가서 휴식하라고 권하는 일본의 'JR' 광고가 대표적이다. "새벽녘, 희미한 안개 사이로 달리는 기차 속에는 새로운 하루, 어쩌면 새로운 인생 그 자체를 여는 사람들이 탔을지도 모른다. 사랑이라든가, 용기라든가, 보이지 않는 것들도 타고 있다." 이처럼 카피가 잔잔한 여운을 남긴다. 저마다 각자의 이유로 기차를 기다리는 사람들, 텅 빈 역에서 헤어지기 아쉬워 껴안고 있는 연인 등 여러 인생의 이야기를 담은 곳이 바로 기차역이라고 말한다. '여행은 살아 보는 거야'는 '에어비앤비'의 카피다. 여행을 떠나 호텔이나 리조트에서 하루 묵는 개념이 아니

고, 이곳에 살던 누군가의 집에서 자기의 집처럼 살아 보라고
권한다.

작명가의 요건

이름은 사주팔자가 아니다. 시대적 감수성과 마케팅과 크리에
이티브적 관점이 녹아든 문화 콘텐츠다. 트렌드를 읽고 트렌
드를 만드는 트렌드 라이터의 기질과 특성에는 다음의 세 가
지가 필요하다.

1. 반투명함의 호기심

이름을 보면 대상의 본질이 파악된다. '이차돌'이란 가게의 간
판을 보며 고기를 파는 식당임을 추측하고, '런닝맨'이라는 프
로그램 제목을 떠올리면서 달리며 문제를 푸는 활동적인 출연
진들의 모습을 상상한다. 그런데 이름만 보고도 단박에 그 존
재가 어떤 존재인지 명료하게 알아차린다면, 그 존재에 대해
별다른 궁금증이 생기지 않는다. 이름을 보고, 상상하고, 호의
적 태도 여부를 결정하는 단계는 무의식적으로 순식간에 이뤄
진다. 이때 너무 쉽게 그 속성을 파악 당하면 곤란하다. 궁금

증과 호기심을 불러일으켜야 대상의 본질에 매력을 더할 관심과 노력이 생겨난다. 무난함을 선호하는 존재가 되어선 곤란하다. 반대로 완전히 불투명하게, 도무지 어떤 내용을 담았는지 파악하기 힘든 이름도 문제다. 그냥 '그래서 그게 뭔데?' 하며 넘어가기 십상이다. 대상에게 관심이 있는 분야인지, 필요한 것인지, 아무런 정보나 느낌을 줄 수 없기 때문이다. 따라서 작명가에겐 반투명의 경계성이 필요하다. 어떤 존재인지 알 듯 말 듯한 이름으로 소비자를 유인해야 한다. '당근마켓'은 다른 앱에 비해 중고거래 시장에 늦게 뛰어들었지만, 800만 사용자를 확보함으로써 중고거래 대표 앱으로 자리 잡았다. 소비자들은 앱의 이름에 '마켓'이 들어 있으니 그저 무언가를 거래할 수 있으리라고 추측할 수 있다. 그런데 마켓의 이름이 '당근'이라니, 당근을 사고파는 것일까? 아니다. 당근은 '당신 근처에 있는'을 뜻한다. 따라서 당근마켓은 '당신 근처에 있는 마켓', 자신의 주변 반경에 올라온 중고 물품을 거래할 수 있는 앱이다. 당근마켓이라는 앱 이름을 보고 사람들은 이 모든 것을 완벽히 파악할 수는 없다. 어떤 앱인지 궁금증을 가지고, 내용을 확인하고, 설치하고, 사용해 보며 결국엔 선택하게 하는 것이다.

『오늘 밤, 세계에서 이 사랑이 사라진다 해도』라는 책이 있다. 제목만으로도 가슴 아픈 사랑의 이야기임을 알 수 있다. 그러나 이 사랑이 사라진다니, 뭔가 절박하긴 해도 그 사랑이 어떤 사랑인지 알 수 없다. 소비자에게 존재를 각인시키는 것은 그 존재에 대한 호기심을 심어 주는 데서 시작된다. 사람들은 의문점을 가지면 이를 해결하고 싶다는 본능적 욕구가 있다. 그들을 스스로 사고하게 함으로써 기억하게 만드는 이름, 이는 반투명의 매력을 아는 사람의 노하우다.

2. 본질에 대한 통찰력

사람들이 무언가를 선택하는 결정적 이유는 무엇일까. 가격, 품질, 디자인 등 다양한 이유가 있겠지만, 결국 그것을 소유하려는 욕구 때문에 선택한다. 사람들은 어떤 이름을 가지고 싶다고 생각할까? 진정 얻고 싶어 하는 것이 무엇인지 생각해 보자. 우리가 음식을 구매하는 이유는 무엇인가? 단지 허기진 배를 채우기 위해서만은 아니며 미각에 대한 욕구가 더 크게 작용한다. 거금을 들여 외제 차를 구매하는 것은 우월감 때문이다. 이름에는 우리의 욕구를 채워 줄 가치가 드러나야 한다. 요즘은 어느 지역이든 주위를 둘러보면 셀프 사진관을 쉽게 찾아볼 수 있다. 자신이 원하는 자세와 표정으로 직접 촬영하면 짧은 시간 내에 고화질의 사진이 인쇄되어 나오니, 사람들은 비싸고 불편하기까지 한 사진관보다는 셀프 사진관으로 향한다. 그중 가장 큰 인기를 누리는 곳은 '하루 필름'이라는 곳으로 월평균 256만 명의 방문자를 보유하고 있다. 그 밖에 '포토이즘' '포토그레이' 등 다양한 셀프 사진관이 있다. 카메라의 성능도 크게 다르지 않은데, 왜 유독 '하루 필름'이 인기를 끄는 것일까? 이름이 한몫했을 것이다. 사람들이 사진을 찍어 하루의 기억과 추억을 담아낸다. '하루 필름'의 비전은 나의 하루를 기억하고 싶게 하는 감성 셀프 사진관이다. 이러한 비전처럼 '하루 필름'이라는 이름은 사람들이 갖고 싶어 하는 가치를 그대로 드러냈으며, 사람들은 그 이름을 보고 '하루 필름'을 선택할 것이다. 한림대학교 주변 '엄마손식당'도 마찬가지다. 많은 대학생이 가족의 품에서 벗어나 자취, 기숙사 생활을 하며 팍팍한 1인 가구의 삶을 살아내고 있다. 그런 일상이 반복되다 보면, 자연스레 엄마가 차려 준 밥이 그리워지기 마련이다. 그러한 이들에게 '엄마손식당'이라는 이름은 아주 친근하게 다가온다. 소비자가 원하는 가치를 드러내는 이름은, 그것을 원하는 이들에게 선택을 유도할 것이고, 그들의 결정에 확신을 줄 것이다.

3. 명확하고 의도된 목표와 행동

자신만의 뚜렷한 목표를 갖고 나아가는 이들을 보면 응원하고 싶고 함께 일하고 싶어진다. 파트너십은 그렇게 이뤄진다. 이름도 마찬가지다. 짧은 이름에 합목적적인 목표와 의도를 명확히 드러냄으로써 그것의 본질과 비전까지 연상하게 해야 한다. 구구절절 장황해선 안 된다. 짧고 명료한 핵심 안에 가장 중요한 의미를 이름의 중심에 담아내야 한다. K-POP의 세계화를 이끌고 세계에서 가장 영향력 있는 아티스트 중 하나인 아이돌 그룹 '방탄소년단BTS'이 좋은 예다. 그들은 2013년 데뷔해 국내외 신인상을 휩쓸고 현재는 명실상부 한국을 대표하는 최정상 보이그룹이 되었다. 방탄소년단이라는 이름에서 '방탄防彈'은 총알을 막아낸다는 뜻으로, 10, 20대들이 받는 사회적 편견과 억압을 막아 내고 당당히 자신들의 음악과 가치를 지켜내겠다는 그들만의 목표를 담고 있다. 또한 그들의 팬덤 이름은 '아미Army'로, '육군' 즉 '군대'라는 뜻으로 방탄소년단과 계속해서 함께할 것을 의미한다. 방탄소년단은 전세계에 수많은 팬, '아미'를 보유했다. 이처럼 자신들이 나아가고자 하는 방향, 취하고자 하는 태도를 이름에 그대로 드러내는 것은 사람들에게 그룹의 팬덤이 되어 함께 목표를 이루고 싶은 마음을 불러일으킨다. 이런 이름을 가진 가게도 있는데, 바로 '아름다운 가게'다. 아름다운 가게는 공익문화 창출형 사회적 기업으로, 생태적이고 친환경적인 세상, 이웃과 더불어 살아가는 세상, 서로의 삶에 책임지며 살아가는 세상을 만들기 위해 노력한다. '아름다운 가게'는 어떤 목표를 담은 이름일까? 그들의 최종 목표는 모두가 함께하는 나눔과 순환의 세상이다. 쓰지 않는 물품을 기부받아, 소비자에게 판매해서 사람들 스스로 아름다운 세상을 만들어 간다는 자부심을 느끼게 하겠다는 것이다. 이 이름을 결정한 사람은 이름에 담긴 목표가 무엇인지 알리는 활동을 전개해 나가야 한다. 그래야 이름이 담은 가치가 증폭된다. 이름의 중심에 목표를 두고 이름을 지었다면, 반드시 그에 상응하는 행동을 취해야 한다.

VII

세상 모든 이름의 역사

'HD그룹'도 '아크로님(머리글자)'을 사용해 의미를 부여했다.
즉 'HD'는 단순히 현대의 약자가 아니라
'Human Dynamic'와 'Human Dream'의
아크로님을 사용했다.

태초에
이름이 있었다

태초의 이름들은 간략한 명사와 동사로 이루어졌다가 차츰 동
사, 형용사, 부사 등으로 사용 범위가 확장되었을 것이다. 자
연풍경과 역사와 전설, 지형지물, 동식물 등 눈에 보이는 사물
은 일반명사가 되다가 고유명사화되면서 눈에 보이지 않은 추
상명사 등으로 네이밍의 범위는 확장되었다. 우리 주변에 이
름으로 전래하거나 만들어지는 다양한 이름은 시대를 관통하
는 당대의 철학과 사고방식, 종교 등이 결합해 표출된다.
첫 번째는 지역의 지리적 자연적 특성을 반영한다. 밤이 많이
나오면 '밤골', 외진 곳에 있으면 '동막골', 하천 깊숙이 있으

면 '물안골'로 명명하는 식이다. 어찌 보면 가장 자연스러운 형태의 이름짓기 방식이다. 성씨의 유래에 자주 등장하는 조상의 기원을 모태로 하는 경우도 많다. 고정불변의 이름은 없다. 삼국시대 백제의 이름도 3번이 바뀌었다. 고구려에서 남하해 세운 온조가 이끌던 '십제十濟'는 형인 비류와 합친 후 '백제百濟'로 바꾸었다. 이후 성왕 때 사비로 수도를 천도하면서 '남부여南夫餘'라는 이름을 사용했다. 조상의 기원이 만주 북쪽의 부여에서 유래했음을 상징한다. 사실 고구려도 마찬가지다. 장수왕 시절 '고려高麗'로 국명을 바꾸었다. 따라서 백제, 고구려의 멸망 당시 이름은 '남부여'와 '고려'인데, 여전히 백제와 고구려로 불린다. 대중의 머릿속에 있는 기호를 취했기 때문이다. '조지아'라는 영어식 네이밍으로 국명 표기를 바꾼 '그루지야' 현지인들의 국명은 '사카르트벨로Sakartvelos'다. 대외적으로는 '그루지아Gruziya'라고 하다가 소련 붕괴 후 러시아의 영토 침입에 대항해 국명을 영어식 명칭인 '조지아Georgia'로 표기했다.

두 번째는 동물과 관련해 이름을 짓는 방식이다. 용, 호랑이, 여우, 학, 까치, 닭, 학 등의 이름을 사용한 지명은 수없이 많다. 동물 이름은 지형적 유사점이나 구전으로 전승되다가 문자가 사용된 이후에는 고착화해 마을과 땅의 이름이 되었다. 지리산 '뱀사골'은 용이 되지 못한 이무기가 죽은 곳이며, 목포 '삼학도'는 세 마리 학이 하늘로 날아오른 곳이고, 청주의 '호무골'은 호랑이가 물을 마시던 곳이다.

세 번째는 역사적 사건이 배경이 된 곳이다. 유달리 외침이 많았던 한반도에서도 대표적인 재난인 임진왜란, 병자호란 등을 배경으로 한 마을 이름이 넘쳐난다. 고려, 조선의 비극적인 왕가의 인물과 관련된 이름도 있다. 강화도의 '살창리'는 고려 말 권력을 누렸던 승려 신돈의 아들로 오인 받은 창왕이 죽은 곳이라 하여 생긴 지명이다.

네 번째는 유교사상 등 종교적 특성이 반영된 곳이다. 부모를 극진히 공양한 서울의 효자동을 비롯해 불교와 관련해 전국 도처에 극락면, 미륵면, 절골 같은 이름이 즐비하다.

이런 네 가지 특징은 지명의 네이밍뿐 아니라 그 지역에서 형성된 많은 문화적 결과물인 민요, 음식, 풍습 등의 이름이나 작명에도 영향을 미쳤다. 이름의 유래에 대해 몇 가지 분류로 나누어 살펴보자.

자연, 강과 산

1. 한양과 낙동강

'지금 우리가 한강이라고 부르는 강은 과거에는 과연 어떤 이름으로 불렸을까?' '낙동강은 왜 낙동강이란 이름이 붙었을까?' 이런 의문은 한두 가지가 아니다.

특히 훈민정음 창제 이전에는 한자를 빌려 우리말의 발음을 표기하던 음차音借 형식의 이름이 많아서 실제 발음을 추적하는 가설과 이론이 많다. 현대까지 쓰이는 역사 속 이름은 대부분 한자를 이용해 썼거나, 순우리말이 한자어로 음차하거나 훈독한 것이 대부분이다. 현재 쓰이는 이름의 몇몇 사례를 통해 네이밍의 원리와 뜻을 살펴보자.

'한강'과 '한양'의 이름은 흘러내리는 내륙의 물줄기를 일컫는 하河, 강江, 수水, 천川으로 쓰인다. 먼저 '하'는 중국 '황하黃河'처럼 구불구불 굴절되어 흐르는 큰 강을 말한다. 강은 직선으로 뻗은 물줄기로 '장강長江'이 대표적이다. 수는 하, 강보다 규모가 작은 지류를 말하며 중국 황하의 지류인 '회수淮水'가 대표적이다. 국내에서는 강과 하의 구별 없이 대부분 큰 줄기는 강으로 표기하며, 강으로 흘러드는 작은 줄기를 '천

川'으로 구별한다. '한강漢江'은 고대부터 '한수漢水'로 표기되었다. '대전'의 옛말이 '크다'는 의미의 '한밭'이었던 것처럼, '한수'의 한자어 '漢'은 '한밭'의 '한'처럼 크다는 뜻이다. '은하수'는 한자어로 '은한銀漢'으로 표기하는데, 역시 '크다'는 뜻의 우리말 '한'을 한자 '漢'을 차용해 음차로 표기했다. 그래서 '한강'을 말하는 '한수'의 의미도 '큰 강'이라는 뜻이다. 중국의 '낙양洛陽'은 중국 역대 9개 왕조의 수도로 자리 잡았던 유서 깊은 도시다. '낙양'이라는 의미는 황하의 지류인 '낙하洛河'의 북쪽에 있다는 뜻이다. '양陽'은 양지바른 곳으로 동-남-서로 이동하는 태양의 위치를 감안할 때, 빛이 잘 들어오는 강북 쪽의 연안이라는 의미이기 때문이다. 이런 작명은 우리에게도 적용된다. '한양漢陽'과 '밀양密陽'이 그렇다. 각각 '한수' 이북의 큰 땅, 낙동강 북쪽의 햇빛이 '빽빽한密 땅'을 뜻한다.

'낙동강'은 '낙洛'이란 곳의 '동쪽 강'이란 뜻이다. '낙'은 바로 '낙양'을 말하고 '낙양'은 지금 경상북도 '상주尙州'의 옛 지명이다. 조선시대 편찬된 인문지리서 『택리지』에 따르면, "상주의 다른 이름은 낙양이며 동쪽으로 낙동강과 임해 있다"고 기술한다. 즉 '경주'와 더불어 경상도의 어원이 된 '상주'

의 다른 이름이 '낙양'으로, 이 '낙양'의 '동쪽에 있는 강'이란 뜻에서 '낙동강'이라고 불렀다.

2. 백두산과 한라산

'백두산白頭山'은 『삼국유사』에 이미 이름이 언급될 정도로 오래된 이름이다. 간혹 '태백산太白山'으로 불리기도 했다. 우리나라에 '흰 백白' 자를 사용한 산 이름이 유달리 많다. 이는 만년설이 있었다는 뜻이다. 빙하기는 1만 2,000년 전에 끝났다는 것이 학계의 주장인데, 17세기경에 다시 소빙하기가 도래하기도 했다. 삼국시대에 이미 '백두산'이라는 말을 썼다는 것은, 이전부터 만년설로 정상 부분에 눈이 하얗게 쌓였다는 뜻이다.

빙하기가 지난 후 우리 조상은 만주, 한반도 북부 쪽으로 이동했는데 그들의 눈에 만년설로 뒤덮인 고산은 영험함 그 자체였을 것이다. 하얀 머리를 지닌 눈 덮인 백두산뿐만 아니라 남쪽의 설악산, 태백산, 소백산 등도 만년설에 준하는 눈에 덮인 모습을 보였다. 자연스럽게 '흰 백白' 자를 사용한 산 이름이 지금까지 내려오고 있다. '설악산雪嶽山'도 마찬가지다. '한라산漢拏山'은 남한에서 가장 높은 산이지만, 제주라는 소재지의 특성상 만년설을 보기는 어렵다. 여기서 '한'은 은하수를 의미하고, '라'는 '잡아챈다'는 뜻이다. 즉 밤하늘의 은하수를 잡을 수 있을 정도로 높은 산이라는 뜻이다.

3. 두타산과 마니산

먼저 '두타頭陀'라는 이름은 산스크리트어에서 유래한 불교용어다. 산스크리트어는 고대 인도 계통의 언어로 '범어'라고도 불렸는데, 불교가 전래할 당시 경전은 당연히 산스크리트어로 표기되었고 이를 한자로 대체하면서 음차해 많이 사용되었다. '두타'라는 말은 산스크리트어로 '털어버리다'나 '제거하다'라는 뜻이다. 즉 마음의 번뇌를 없앤다는 의미다. '두타산' 곳곳에는 이상향을 빗대 무릉계곡과 중생을 구제하는 미륵의 현신 격인 '미륵바위'가 있다. '마니摩尼산'은 '마리산'으로 부르기도 했다. 고려사 지리지에는 '마리摩利산'으로 표기되어 있으며, 머리를 의미하는 고어 '마리'를 음차로 표기한 듯하다. 그러다가 현재의 이름 '마니산'으로 바뀌었다. 정상에서 단군에 제사를 지냈다는 참성단이 있어 민족의 명산으로 불리고, 남한에서 가장 기氣가 강하다는 말이 있을 정도로 영험함이 있다.

일부에서는 '마니산'을 고대 페르시아에서 전래한 '마니교摩尼敎'의 영향 탓으로 보는 시각도 있다. '마니교'는 마니가 창설한 종교로 조로아스터교, 기독교 영지주의, 불교 등의 요소가 섞였으며 인도를 거쳐 7세기에 중국으로 전파되었다. 8세기경에는 현재 중국의 신장 지역에 있던 위구르 왕국의 국교로 자리 잡아 성세를 이어갔으며 중국에서도 13세기까지 이어졌다. 이런 '마니교'는 중국에서 '명교明敎'로 불렸는데 '백련교白蓮敎'가 그 후신이다. 이 '백련교'는 머리에 붉은 두건을 두르고 다녀 '홍건적紅巾賊'으로 불렸으며, '홍건적'은 원나라에 대항해 봉기를 일으키고 고려 말 원의 관군에 쫓겨 한반도에 침입해 개경까지 함락시킨 바 있다. 원을 물리치고 명을 세운 주원장도 '명교'의 신봉자여서, 국가의 이름을 명으로 지었다는 설도 있다. 무협지에 흔히 등장해 중원을 위협하는 '마교'는 악마의 종교가 아니라 신강, 위구르 쪽에 위치해 서역과 교류하던 마니교를 뜻한다.

4. 무너미와 무드리

경기도 양평의 '양수리'는 우리말로 '두물머리'로 불린다. 2개의 물이 만나는 지점이라는 뜻인데, 애초 '두물머리'를 '양수리兩水里'라는 한자어로 표기한 셈이다. 양兩은 둘이라는 뜻이다. 중국어로 2개를 '량그어兩個'라고 발음한다. 흔히 쓰는 양손, 양측이라는 말도 둘이라는 의미. 북한강과 남한강이 합쳐지는 곳이 '두물머리'이고, 이것이 바로 '양수리'다. '양수리'의 북한강 쪽 수계는 '무너미'라고 불렸다. 물이 자주 넘어들어온다는 뜻이다. 이 '무너미'라는 이름은 일제 강점기 때 한자를 음차해 '문호리文湖里'로 바뀌어 지금까지 사용된다. '문호리'의 동쪽은 물이 들어온다고 하여 '무드리'라고 불렸다. 이를 한자로 훈독해 '수입리水入里'로 바꾸었다.

행정구역상 명칭으로는 '수입리'이지만, 도로명으로 이 일대는 '무드리1길' '무드리2길'이다. '무드리'는 물이 들어오는 저지대에서 흔하게 쓰던 이름이다. 천안과 공주의 천변에서도 '무드리'라는 이름을 사용한다.

문화적 특성

1. 신기료 장수

지금은 거의 쓰이지 않는 단어이지만 '신기료 장수'는 신발과 구두를 수선하는 수선공을 말한다. '신을 깁다'를 서술어로 풀면서 "신을 기우리오"라고 묻던 말에서 유래한다. 조선시대엔 짚신을 주로 신었는데, 양반층에서는 가죽으로 된 신을 신었다. 해진 가죽을 기워 주던 사람들이 1970년대까지 고무신, 구두 등을 기워 주던 수선공으로 활동했다.

2. 새문안교회와 이문설렁탕

서울의 서쪽에는 '서대문'으로 불리던 '돈의문'이 있었다. '남대문' '동대문'이 있으니 당연히 '서대문' '북대문'도 있었는데 그중 '돈의문(서대문)'은 일제 강점기 때 소실되었다. 서대문 네거리에서 정동 쪽으로 진입하는 초입 쪽에 있는 것으로 추측되는데, 이 돈의문은 소실되었다가 숙종 때 재건축되었다. 그래서 정동 입구에서 종로로 이어지는 길을 새로운 문이라는 뜻으로 '신문로新門路'가 되었고 문안 쪽은 '새로운 문의 안쪽'이라 해서 '새문안'이 되었다. 지금 있는 '새문안교회'가 대표적인 이름이다.

새문안과 종로가 만나는 곳에 있는 '이문里門 설렁탕'은 국내에서 가장 오래된 식당이다. '이문'이란 뜻은 도둑을 막기 위해 각 마을의 입구에 세워둔 문을 말한다. 따라서 '이문설렁탕'은 '이문利文'을 박하게 해서 싸고 저렴하게 파는 식당의

의미가 아니고, 종로경찰서 인근 이문 근처에 있었던 밥집인
셈이다.

3. 신당동과 주신당

'신당동'의 기원은 '시구문'으로 불리던 '광희문'을 통해 나가
던 시신에 대한 제의 차원에서 혼령을 위로하기 위한 몰려든
무당과 점집이다. 지금도 '신당동' 일대에는 신점, 무당, 선녀
집들이 즐비하다. 다만 '귀신 신神' 자가 '새 신新'으로 바뀌었
다. '귀신 모시는 동네'라는 이름에 대한 거부감 때문이다. 신
당1동은 신당동, 2동은 다산동, 3동은 약수동, 4동은 청구동,
6동은 동화동으로 바뀌었다.

신당5동은 새롭게 만든 '백학동'이나 '유락동'에 대한 주민의
만족도가 낮아 아직도 바뀌지 않아 신당5동 그대로 쓰고 있
다. 신당동 중앙시장 좌측 골목에는 '주신당酒神堂'이라는 술
집이 인기를 모으고 있다. 이름답게 술의 신을 모시는 집으로,
12간지에 해당하는 칵테일을 팔고 내부 인테리어도 무속의 분
위기를 물씬 풍긴다.

1. 평양냉면집의 '거냉'

젊은층에게 인기를 모으는 평양냉면집 메뉴판에 붙어 있는 '거냉'이란 말의 뜻을 보자. '거냉'의 한자어는 '去冷'이다. '거'는 중국어 '취'로 발음되는 단어로 '가다'라는 뜻이다. 아울러 '제거'라는 뜻도 있다. 중국에서 음료를 주문할 때 '취빙 去氷'이란 말을 흔히 쓴다. '취빙'은 글자 그대로 얼음을 빼달라는 말이다. 즉 차가운 냉면에서 냉의 기운을 제거해 너무 차지 않게 만든 냉면을 '거냉'이라고 한다. 냉면이라는 말 자체가 겨울에 먹는 차가운 면을 의미하지만, 너무 차갑지 않게 속을 보호하려는 의미로 냉기를 제거한 냉면을 '거냉'으로 부른 것이다.

냉면에서 '냉'을 제거해달라는 '거냉'은 '침묵의 소리'처럼 형용 모순적 이름일 수도 있다. 냉을 제거하면 냉면이라는 말 자체가 성립되지 않기 때문이다. '시원한 온면'이라는 말처럼 억지로 표기하기보다는 '덜 차가운 냉면'이 더 적절하다.

2. 불고기, 물갈비, 군만두

우리 음식의 전통적인 이름짓기는 식재료에 조리법을 더하는 방식이다. '김치찌개' '된장국' '고사리 무침' '감자전' 같은 식이다. 중국이나 일본은 반대의 경우가 많다. 즉 조리법이 앞에 나오고 뒤에 재료 이름이 나오는 식이다.

음식 칼럼니스트 황교익 씨는 불고기의 어원이 일본어 '야키니쿠燒肉'라고 주장하면서 한때 큰 이슈가 된 적이 있다. '불에 태우다'는 의미의 '소'와 고기 '육'자의 조합은 조리법에 재료를 더하는 일본의 음식 이름 조합을 따른 것으로, 우리 식으로 바꾸면 '소고기구이'가 맞다는 것이다. 즉 '불고기'는 일본어를 그대로 번역했다는 주장이다. 이에 반해 '불고기'는 '불에 구운 소고기'라는 의미의 평양식 사투리라는 주장이 대두되었다. 수백 년 동안 육식을 하지 않았던 일본에 비해 소고기 문화는 우리가 앞서 있는데, '불고기'가 육식 후발주자인 '야키니쿠'라는 일본어의 번역이란 주장이 잘못되었다는 것이다.

'야키니쿠'의 한자어인 '소육'이라는 말을 번역하면 불고기가 맞다. 불이 조리법인 것을 감안하면 전통적인 우리 음식 작명법에 어긋난다. '불고기'라는 말이 일제 강점기인 1930년대

《동아일보》에 등장했다는 점을 보면, 그 당시에 번역한 신조어로 만들어진 느낌이 강하다. '불고기'와 유사하게 '군만두'도 '야키 자오쓰'라는 일본어에서 유래했다. 즉 재료에 조리법을 더한 우리 음식 작명 공식과 반대로 일본이나 중국의 음식명이 그대로 번역되어 '불고기'나 '군만두'가 되었다는 것이다. '야키니쿠'나 '야키 자오쓰'라는 음식의 유래가 일본이라는 뜻이 아니라, 단지 그 음식을 지칭하는 단어가 일본에서 유래했다는 정도로 보면 되겠다. 이런 식의 작명은 일제 강점기에 이루어졌고 그 이후에도 '불, 물, 군'이라는 조리법은 수식어처럼 재료명 앞에 붙는 후속 작명이 이루어졌다. '물갈비' '물회' '군밤' 등이 그렇다.

3. 소금

'소금素金'은 한자어로 '하얀 금'이라는 뜻이다. 소금을 급여로 지급한 고대 그리스의 사례를 떠올리지 않더라도, 전통적으로 소금은 아시아에서도 무척 귀하게 여겨져 국가에서도 소금을 전매로 해 나라 살림에 크게 기여했다. 하지만 소금은 '작을 소' 자를 사용해 '少金'으로도 쓰였다. '작은 금'이라는 뜻이다. 여기서 금은 태양을 의미한다. 고대에서 매일 뜨고 지는 태양은 불멸의 상징이자 숭배의 대상이었다. 그래서 금은 그 누런 색깔로 인해 바로 태양의 현신이기도 했다. 그래서 소금은 태양이 가진 기능과 많이 유사하다. 태양의 자외선은 살균 효과로 인한 부패방지 기능이 있고, 소금도 역시 부패방지 기능으로 음식물의 장기 보관에 필수적이었다. 이런 태양의 자외선이 물에 녹아 결정체로 탄생한 소금이 '작은 태양'이라는 것이다. 즉 '태양의 햇살殺'이 정제된 것이 '소금'이다.

4. 어리굴젓

'어리'라는 말은 다양하게 해석된다. 뭔가 부족한 상태나 어린이처럼 아직 여물지 않은 상태를 뜻하기도 한다. '얼간이'라는 말은 조금 부족한 결핍을 지닌 멍청한 사람을 일컫는 비속어로 쓰이기도 한다. '어리버리' '얼치기' 등도 비슷한 의미다. '어리굴젓'은 그래서 얼간을 한 즉 소금을 많이 치지 않은 굴젓이라는 뜻도 있지만, '어리하다'는 말처럼 어수룩하거나 모자라다는 의미로 상대적으로 성장이 덜된 굴을 의미하기도 한다. 또 하나는 '어리'가 '혀가 아리다' 같은 '매운' '얼얼'하다는 뜻도 있다. 그래서 고운 고춧가루를 묻혀서 담갔다는 뜻으로도 쓰인다.

'어리굴젓'으로 유명한 서산의 간월도는 무학대사가 진상했다는 속설이 있는 곳이다. 당시에 고춧가루가 한반도에 도래하지 않았다는 점을 고려하면, 고춧가루 대신 무언가를 사용했거나 속설에 불과한지 의문의 여지가 있다. 그러니 '어리굴젓'이 간이 모자란 얼간으로 된 굴젓인지, 크기가 작은 어린 굴로 담근 젓인지, 고춧가루 같은 매운 양념으로 만들어서 혀가 아릴 정도로 매운 굴젓인지 다양한 각도로 해석된다. 아울러 '젓갈'이라는 말은 '간장' '고추장' 같은 '장醬'을 의미한다. 장류의 기원도 젓갈에서 기인한 말인데, 오늘날 생선과 곡물을 버무려 발효한 '식해食醢'에서 이 '해'는 중국에서 육장을 말한다. 다만 삼면이 바다인 한반도에서는 육고기보다는 생선류를 이용한 젓갈류를 주로 먹는다. 간장게장처럼 게를 간장에 절여 젓갈류처럼 먹을 때도 장이란 말을 쓴다. 즉 장은 젓갈의 일종이다.

5. 한라봉과 초당옥수수

귤橘은 한자어다. '감귤柑橘' 또는 '밀감蜜柑'이라고도 한다. 중국 저장서 원저우溫州에서 유래해 '온주밀감溫州蜜柑'이라고도 한다. 삼국시대 이전부터 재배한 것으로 추정된다. 이런 귤에 변화가 생긴 것은 '한라봉'이라는 품종이다. 1972년 일본에서 개발한 구마모토현의 특산물이며, 이것이 국내에 들어오면서 지은 이름이 '한라봉'이다. 귤의 꼭지 부분이 둥글게 돌출되어 '한라산'의 봉우리라는 이름으로 네이밍했고, 이 '한라봉'이 경주에서 재배되면 '경주봉'으로 불린다. '한라봉'은 사실 일본의 품종을 무단으로 도입해 재배했기 때문에 로열티를 내지 않는다. 나쁘게 말하면 종자 도둑인 셈이지만 일본이 한국에 품종 보호 출원 등록을 하지 않아서 가능했던 일이다. 사실 제주도 원산의 귤은 거의 자취를 감추고 지금 먹는 귤은 대부분 '온주밀감'이다. 이 '온주밀감'도 사실은 원형이라기보다 일본 규슈에서 씨 없는 귤로 개량되어 들어온 것이다. 그 이후 일본의 새로운 품종개발로 만든 귤이 도입되면서 '한라봉'으로 이름을 지은 것이다. 종자 훔치기는 '한라봉'뿐만 아니다. '레드향'도 1991년 일본에서 개발한 품종이다. '천혜향'도 마찬가지로, 1984년 일본에서 개발된 품종이다. 흔하게 먹는 '온주밀감'에서 '한라봉' '레드향' '천혜향' 같은 다양한 귤의 품종은 모두 일본의 손길을 거쳤다.

'초당超糖옥수수'도 강원도 강릉의 초당이 아니라 글자 그대로 당이 높아 엄청나게 감미를 자랑하는 옥수수를 뜻한다. 미국에서 개발된 품종으로 '수퍼 스위트 콘super sweet corn'을 우리 식으로 네이밍한 것이다.

기업

국내 기업의 역사는 이름 역시 세대와 더불어 바뀌고 있다. HL, GS, LS, DL, AT, KT 등 영문 2글자만으로 유추하기 힘든 이름이 즐비하다. 사람 이름을 'JP(김종필)'라고 불렸던 시절 '3김三金' 정치가 대두되면서 'JP'에 이어 'DJ' 'YS'는 대표적인 이니셜 네이밍으로 사용했고 청와대도 'BH'로 표기했다. 이젠 각 기업도 의미를 찾기 어려운 암호 같은 영어 약자 네이밍이 주류를 이루었다.

1. 동탄시범마을 월드메르디앙 반도 유보라 19차

펫네임은 특정 브랜드의 앞뒤로 붙는 서술어적인 단어를 말한다. 애칭이라 불리며 특히 국내 브랜드 아파트의 이름짓기에 많이 사용된다. '월드 메르디앙 반도 유보라'는 월드건설의 '메르디앙(자오선)'이라는 브랜드와 반도건설의 '유보라u.bora, you best or all' 브랜드가 합작으로 지은 아파트 이름이다. 과거 아파트들은 '압구정 현대' '대치동 은마' '서초 삼익' 등 지역명과 건설사의 단순 조합으로 대부분 한글이었다. 1990년대 말부터 건설사들이 아파트 브랜드를 만들면서 양상이 달라졌다. 삼성건설의 '래미안', GS건설의 '자이', 대우건설의 '푸르지오' 등이 대표적이다. 여기서 한층 더 나간 것이 지역과 건설사와 브랜드 이름과 펫네임 식의 조합이 생긴다. '인천 송도 더샵 센트럴 파크'를 예로 들면 '인천 송도'을 지역명으로, '더샵'이 포스코 건설의 아파트 브랜드 역할을 하고, '센트럴 파크'가 펫네임이 된다. 펫네임은 아파트 브랜드 뒤에 붙어서 아파트가 위치한 지역의 특성을 설명해 주는 역할을 한다. '센트럴 파크'는 공원이 아파트 근처에 있다는 뜻이고 '포레'는 근처에 숲이나 산이 있을 때 붙이고 근처에 강이나 호수, 저수지처럼 물이 있을 때는 '리버'나 '레이크' 등을 붙인다. 숲과 강이 같이 있으면 '리버포레'가 붙을 수 있다. 전철역이 있으면 '메트로', 학교가 있으면 '에듀', 프리미엄이라는 의미의 '서밋'이나 '아크로', 이도 저도 아니면 '퍼스트'나 '노블'이 붙는다.

2. HD현대중공업, CJ제일제당

알다시피 'HD'는 '현대'의 약자이고, 'CJ'는 '제일제당'의 영

문 표기 약자다. 역전앞이라는 동어반복 사용처럼 'HD현대'
는 '현대현대'라는 뜻이 된다.

'CJ제일제당' 역시 '제일제당제일제당' 같은 중복이다. 그렇
다면 왜 이처럼 우스꽝스러운 영문 약자를 사용한 사명이 늘
어날까.

'GM' 'IBM' 'HP' 같은 외국계 글로벌 기업의 사명 짓기를
따라 한 모양새다. 이들 기업은 기술과 혁신으로 성공해 상대
적으로 긴 이름을 약자로 줄인 예다. '제일제당'도 회사 이름
에 제당이라는 특정 장르의 제조업을 명시해 기업의 실제 사
업영역에 한계를 돌파하려는 의도로 파악된다.

그래서 'CJ그룹'이라는 이름이 만들어졌고 'CJ엔터테인먼트'
'CJ CGV' 등을 표시하는 것은 그렇다 해도 'CJ제일제당'처
럼 동어반복의 우스운 작명이 나온 것이다. 'CJ' 측에서도 이
런 문제를 직시해 많은 고민을 했으나, '제일제당'이라는 모태
기업의 이름을 지울 수 없어 어쩔 수 없이 'CJ제일제당'을 사
용했다고 한다.

'HD그룹'도 'CJ'와 유사해 보이지만 '아크로님(머리글자)'을
사용해 의미를 부여했다. 즉 'HD'는 단순히 현대의 약자가 아
니라 'Human Dynamic'와 'Human Dream'의 아크로님을

사용했다는 게 회사 측의 주장이다.

'LG'가 'Lucky&Goldstar(럭키금성)'의 약자인 것은 다들 알지만, 'Life Is Good'의 약자로 사용했다는 주장과도 일치한다.

국가 이름

한 국가의 이름은 여러 요소가 결합된다. 종교적 의미나 지형적 의미를 나타내거나 인문학적 서사 같은 다양한 요인이 결합되어 나라의 이름이 정해진다. '대한민국大韓民國'만 보더라도 '삼한三韓'의 '한'과 '대한제국'이 '민국'으로 변해 이루어졌다. 영문 표기 '코리아Korea'만 하더라도 고려 시대에 활발한 해상무역으로 다른 나라에 널리 알려진 이름이다. '고려高麗'에서 '려'는 발음상 '리'로 읽어야 한다는 주장은 널리 알려졌고, 이는 '코리' '꼬레core'라는 발음으로 퍼지다 땅을 의미하는 'a'가 결합해 'Corea'나 'Korea'가 되었다는 주장이 있다. 'A'는 '세르비아' '마케도니아' '리투아니아' 등 유럽 국가에서 땅을 의미하는 접미사로 많이 쓰인다. 중앙아시아 국가에서 많은 '~스탄'이라는 국명은 '땅'이라는 고대 페르시아어에서 유래했다고 한다. '카자흐스탄' '우즈베키스탄' '파키스탄' '아프가니스탄' 등이 그렇다. '카자흐스탄'은 '카자흐족의 땅'이라는 의미가 된다.

'해 뜨는 나라'라는 뜻인 '일본日本'도 백제에서 자국을 부르는 명칭이었다는 주장이 있다. 백제 멸망 후 열도로 건너간 백제인들이 중심이 되어 열도의 국가 명을 일본이라고 제정했다는 것이다. 각 나라의 국명 중 여러 의미로 해석되는 몇몇 이름을 살펴보자.

1. 이스라엘

'이스라엘'은 성경에서 믿음의 조상이라 일컫는 아브라함의 후손 야곱의 이름이기도 하다. 즉 야곱에서 '이스라엘'이라는 국명이 나왔고. 이는 '하나님은 강하다'는 뜻이다. 하지만 다른 식으로 해석되기도 한다. 이스라엘의 '이스'는 '이시스isis'라고 불리는 이집트 신의 이름으로 '라'는 이집트의 태양신을 말한다. '엘' 역시 히브리어로 '우주를 창조한 절대적인 신'을 의미한다. '이스'가 달의 어머니고 태양신 '라엘'은 우주(별)를 창조한 신이니 '이스라엘'의 국명은 달, 태양, 별을 의미하기도 한다. 절대신 '엘'의 복수형이 '엘로힘'이다. '엘로힘'은 유대교의 창조주인 '야훼Yahweh'를 의미한다. 히브리어는 모음을 사용하지 않는다. 그래서 모음 'a'와 'e'을 빼면 'yhhw'로 표기된다. 하지만 신성한 '야훼' 대신 '주인'을 뜻하는 '아도나이'로 부르는데, '아도나이'의 모음과 '야훼'를 의미하는 'yhhw'가 결합해 '여호와Jehovah'라고 부른다. 즉 '엘로힘' '야훼' '여호아'는 모두 같은 절대 신을 가리키는 표기다.

2. 파키스탄

1933년 영국 케임브리지대학교 학생으로 무슬림운동을 하던 쿠드하리 라마트라가 인도로부터 분리된 이슬람 국가를 세우고자 했다. 그때 참여를 희망하는 지역 이름의 약자를 조합해 만들었다는 설이 있다. '펀자브Punjab'의 'P', '아프가니아Afghania'의 'A', '카슈미르Kashmir'의 'K', '신드Sindh'의 'S' 'tan'은 '발로치스탄Balochistan'에서 그리고 발음 편의상 이슬람을 뜻하는 'I'를 넣어 'Pakistan'으로 지었다는 것이다. 하지만 다른 주장도 있다. 'Pak'는 페르시아어로 '순수하다'는 뜻이고, 'istan'은 '나라'라는 뜻으로, '순수한 나라'를 의미한다는 주장이다.

3. 미얀마

'미얀마'는 '버마'라는 종족 명을 쓰던 국가에서 개칭한 국명이다. '미얀마'라는 이름은 어원이 불분명한데 9세기 '미얀마'의 주된 종족인 '버마족'은 '버간Burgan 왕국'을 세우면서 스스로를 '므란마 Mranma'로 불렀다. 현재 '미얀마'는 '빠르다'는 의미의 '미얀myan'과 '단단하다'는 뜻인 '마ma'가 합쳐진 '미얀마'로 쓰고 있다. '버마'는 19세기 후반 인도를 점령한 영국과 전쟁에서 패배해 영국령으로 귀속되었다. 1937년 인도에서 분리되면서 '영국령 버마'로 불리다가 1948년 독립하면서 국호를 '버마연방Union Of Burma'으로 제정했다. 그러다가 1989년 '버마연방'에서 현재의 '미얀마'로 국명을 바꾸었다. 이는 '미얀마'의 주력 종족인 '버마족' 외에 '몬족'을 비롯한 소수민족을 아울러 품겠다는 의지의 실현으로 보인다.

최근에 국명을 변경했거나 변경하려는 움직임을 보이는 나라가 있다.

4. 터키, 튀르키예

'터키'는 1924년 케말파샤에 의해 '터키공화국'이라는 국명을 창안했다. '터키'는 고대 중국의 북방에 위치했던 돌궐족의 영어식 표기다. '용감하다'는 뜻의 '튀르크'의 영어식 표기인 '터키Turkey'는 '칠면조'의 영어식 표기와 발음이 같은데, '칠면조'는 '비겁한 겁쟁이'나 '패배자'라는 의미로 사용되어 '튀르키인의 땅'이라는 의미에서 '튀르키예Turkiye'로 국명을 변경했다.

5. 필리핀, 마할리카

'필리핀'은 이 지역에 도착한 마젤란이 원주민의 화살에 사망한 이후 루이 로페스 데 비야로보스Ruy López de Villalobos는 두 번째 항해에서 차기 왕인 '펠리페'의 이름을 이 지역에 붙였다(1543년). 처음엔 '펠리피나스Felipinas'였으며, 발음상 이유로 '필리피나스Filipinas'로 바뀌었다. 300년간 스페인의 식민지로 있다가 독립했는데, 나라의 이름이 여전히 옛 스페인 국왕의 이름이라는 점이 문제였다. 필리핀의 두테르테 대통령을 포함한 지도층은 나라 이름을 '마할리카Maharlika'로 바꾸자고 제안했다. '마할리카'는 필리핀 말인 타갈로그어로 '고귀하다' 또는 '자유인'을 뜻한다.

6. 인도, 바라트

최근 인도 정부와 여당인 '바라티야자나타당BJP'이 국명을 '인도India'에서 '바라트Bharat'로 변경하자는 안을 주장하고 나섰다. '인디아'라는 이름이 영국 점령기인 식민지 시대의 잔재라는 이유다. 원래 '바라트'를 국명으로 사용하던 '인도'를 영국이 제멋대로 '인디아'로 변경했다는 것이다. 반면 야당 일부에서는 힌두어를 사용하지 않은 소수민족과 일부 이슬람을 무시하는 처사라며 반발했다. 2023년 G20 정상회담의 초대장에 이미 '인도'라는 말 대신 '바라트'라고 표기해 국명 변경이 가시권 안에 들어왔다는 해석도 있다.

VIII

이름은 문화적 메시지다

인터넷에 익숙한 세대는 소비를 이끌어가는 핵심 타깃이므로,
모든 브랜드는 이들에게 어필하는 다양한 방법을 시도한다.
특히 인터넷 기반의 커뮤니티나 소셜 미디어의 영향으로
이들이 열광할 만한 소재나 이슈가 있다면
순식간에 전 세계로 퍼지기도 한다.

대중문화 콘텐츠로서
이름

낙인찍기의 유래

'브랜드Brand'의 유래는 노르웨이의 고어 'brandr'에서 나왔다
고 추정한다. '태운다to burn'는 뜻으로 울타리 없이 방목하며
가축을 키우던 시절에 자기의 가축과 남이 키우는 가축이 섞
여 헷갈리지 않게 하려고 자기 가축에 불에 달군 쇠를 낙인찍
는 것이 기원이다. 일종의 서명이나 도장을 찍는 행위다. 브랜
드의 의미는 대량생산 시대와 매스 미디어 시대를 거쳐 스스
로 진화했다. 장점을 강조하면 많이 팔리는 시대에 다양한 제

품이 쏟아지자, 차별화로 저마다 개성과 이미지를 강조하는 시대를 거치면서 브랜드의 위력이 정점을 찍었다. 이때부터 자본과 규모가 있는 기업이 여러 미디어와 채널을 통해 융단 폭격 같은 광고와 홍보를 불특정 다수에게 퍼부었다. 하지만 이러한 방식은 생각보다 오래가지 않았다.

1990년대 중반 무렵부터 본격적으로 우리 삶에 들어온 인터 넷으로 지금껏 인류가 경험하지 못한 정보공유의 시대가 도래 했다. 지금까지 오프라인 중심에서 온라인이라는 새로운 공간 에서 물리적 시공간을 초월해 정보를 소비하고 즐길 수 있게 되었다. 디지털 방식으로 사람들의 마음속 데이터를 얼마든지 분석할 수 있기에, 불특정 다수를 향해 브랜드를 알릴 필요 없 이 내가 원하는 고객들에게 큰 자본을 들이지 않고도 내가 원 하는 메시지를 전할 수 있다. 이젠 실제 매장이 없어도 상품을 팔 수 있는 세상이 열린 것이다. 집에서 만든 액세서리나 해외 여행에서나 구입할 수 있었던 명품, 심지어 자동차까지도 온 라인을 통해 알리고 구매할 수 있다. 특정한 장소를 뛰어넘어 언제 어디서나 열려 있어 이름은 이제 예전보다 더 중요해졌 다. MZ세대들이 자주 사용하는 단어인 '어그로끈다'라는 말 이 괜히 등장한 게 아니다. '어그로끈다'는 '도발'이라는 뜻을 가진 영어인 'aggravation'에서 나와 많은 사람의 관심을 끌기 위해 특정한 말이나 행위를 의도적으로 한다는 뜻인데, 이제 이름이 그런 역할을 한다. '어그로'를 끈다는 것 자체가 다소 부정적인 의미로 인터넷 공간에서 소통되지만, 그렇게 하지 않으면 많은 사람에게 주목과 관심을 끌기 어렵다는 반증이기도 하다. 익명의 공간이다 보니 그런 현상이 더 빠르게 확산되고 휘발된다. 인터넷과 인터넷에 익숙한 세대는 소비를 이끌어가는 중요하고 핵심적인 타깃이므로, 모든 브랜드는 이들에게 어필되는 다양한 방법을 시도한다.

특히 인터넷 기반의 커뮤니티나 소셜 미디어의 영향으로 이들이 열광할 만한 소재나 이슈가 있다면 순식간에 전 세계로 퍼지기도 한다. 우리나라가 낳은 세계적인 아이돌이자 보이그룹인 BTS의 막내 정국은 자신의 새 솔로 앨범 '골든' 홍보를 위해 2023년 11월 10일 뉴욕의 타임스퀘어에서 게릴라 콘서트를 열었다. 어디에서 하는지를 불과 30분 전에 소셜 미디어를 통해 공지했음에도 수만 명의 팬이 몰려들며 전 세계적으로 화제를 불러일으켰다. 심지어 신곡임에도 BTS의 팬들은 떼창으로 자신들의 BTS를 향한 애정과 충성Loyalty을 과시하기도 했다. 그 열기가 얼마나 대단한지 미국의 한 방송사는 헬리콥

터까지 띄워 라이브로 방송하기도 했다. 그만큼 자기가 좋아하고 열광하는 것에 자발적으로 공유하고 확산하는 데 익숙한 시대다. 그렇기에 브랜드가 어디를 지향해야 하는지는 분명하다. 소비자가 좋아하고 원하는 것을 꾸준하게 일방적이 아닌 쌍방향으로 소통하며 함께 만들어 가야 한다. BTS는 단지 노래를 잘해서만 인기를 구가하는 것이 아니다. 노래는 기본이고 거기에 환상적인 안무가 곁들여지고, 또 온라인공간에서 꾸준하게 멤버 각각이 '아미Army'로 불리는 충성도 높은 팬클럽과 소통하며 '언제나 함께한다'는 소속감과 친밀감을 형성하는 노력 때문이다.

기본 그 이상의 '알파'가 있어야 생존할 수 있는 시대다. 아무리 곡과 가사가 좋고 거기에 가창력까지 겸비한 가수라도 시청자들의 마음을 '후크hook'하는 요소가 없다면 대중적 인기를 얻을 수 없다. 스타는 대중의 인기와 사랑으로 살아가는 존재다. 단지 노래 잘하는 가수로만 대중에게 기억되는 것은 무의미하다. 음식점도 마찬가지다. 본질은 '맛'이지만 '맛'만으로는 분명 한계가 있다. '맛 플러스 알파'가 있어야 손님의 마음을 사로잡는다. 단지 프로모션 차원에서 단기간에 사람들을 끌어당기는 가격이나 경품과 할인 같은 것이 아니라, 의도적으로 찾게 하는 무엇인가가 있어야 한다. 와인과 음식을 중심으로 20년 이상 블로그를 운영하며 가장 자주 접하는 분야가 'F&B Food & Beverage'다. 우리나라는 은퇴가 빠르다. 게다가 평균 수명까지 길어졌다. 은퇴 후 상당 기간 노후와 생계유지를 위해 할 수 있는 분야가 제한되다 보니 다른 나라보다 유독 자영업 비율이 높다. 코로나19 팬데믹 때문에 27퍼센트가량으로 떨어졌지만, 그 이전까지는 30퍼센트 이상을 차지해 인구 대비 세계 최고 수준의 자영업자 비율이다(2021년 기준 미국 6.6퍼센트, 일본 9.8퍼센트 수준이다). 이렇게 자영업자가 많다 보니 자영업의 평균 생존 기간이 2년 반에 불과하고 5년 내 폐업률은 무려 72퍼센트나 된다. 다른 선택의 여지도 없을뿐더러 임금 근로자로 고용될 수 없는 구조적 문제 때문에 어쩔 수 없는 선택인데, 문제는 기본기도 갖추지 않고 경쟁에 뛰어든다는 데 있다. 온·오프라인을 통해 소비자와 곧바로 만나는 외식업 분야에서 창업이 많다. 하지만 '영끌'해서 간신히 개업해도 살아남는 비율은 상당히 희박하다. 경쟁이 치열한 탓도 있지만 그만큼 준비가 덜 되거나 소비자들의 생각을 읽는 기본에 충실하지 않은 것이 가장 큰 이유다.

F&B 업체가 같은 조건의 동일한 출발선에서 소비자의 마음

이라는 결승선에 도착하기 위해 어떻게 치열하게 고민하고 노력했는지에 대한 과정과 흔적을 소개하고자 한다. 브랜드를 만드는 과정이나 결과보다는 브랜드 네이밍 자체에 집중할 것이다. 처음 만나게 되고 기억하는 것이 이름이기 때문이다. 당신은 어제 처음으로 주고받은 상대의 이름을 오늘 기억하는가? 기억한다면 왜? 어떻게 기억하게 되었을까? 이름을 기억하지 못하더라도 상대방의 외모와 옷차림 또는 말투와 음성의 톤으로, 아니면 다니는 직장 이름이나 직급으로 기억할 수도 있겠다. 그렇지만 가장 먼저 인사하며 건네는 것은 바로 이름이다. F&B 업장에서도 첫 번째로 소비자가 만나는 것은 바로 '이름'이다. 소개하는 업장은 수많은 F&B 브랜드 중에서 고객에게 기억하게 하려고 그리고 잊히지 않도록 하기 위해 치열하게 고민해서 이름을 지어 성과를 얻은 곳들이다. 온 세상이 브랜드이기에 거리를 걷다가 그리고 버스 안에서 또 웹서핑하다가 눈에 들어온 업장 중에서 아주 특별한 요소가 있는 업장 중심으로 선정했다. 소개하는 브랜드들은 거의 다 직접 방문하고 경험했음을 밝혀 둔다.

한 번 더 말하지만, 우리나라에서만 유독 브랜드가 중요하게 강조되는 것은 아니다. 글로벌적으로 가장 유명한 브랜드인

'애플Apple'과 '아마존Amazon' 그리고 '알리바바Alibaba'의 공통점은 무엇일까? 바로 알파벳 'A'로 시작한다는 사실이다. 우연일까? 그렇지 않다. 이 또한 의도해서 지은 것이다. 그렇다면 왜 이들 기업은 'A'로 시작했을까. 인터넷 세상에서 셀 수 없이 많은 검색의 바다에서 가장 먼저 검색되게 해야 하기 때문이다.

스티브 잡스가 '애플'이라는 이름을 완전히 소유하기 위해 '애플 컴퓨터'보다 훨씬 이전인 1968년 비틀스가 만든 음반사인 '애플Apple Corps'과 상표권 분쟁을 오랜 기간 벌이게 된다. 1978년부터 2007년까지 치열하게 다툼을 벌인 끝에 2008년 당시 5억 달러라는 막대한 금액을 지급하고 가져온다. 그만큼 이름에 대한 중요성이 크다는 점을 보여 준 사례. 애플은 'A'로 시작하는 데다 누구나 알고 있고 쉽게 부를 수 있어 친근하게 일상에서 접하며 즐길 수 있는 과일의 이름이다. 스티브 잡스는 아마도 이만한 이름이 없다고 생각했을 것이다. 우리나라에도 애플처럼 그 이름을 널리 알리기 위해 노력한 곳이 있다.

더 이상 낙원일 수 없는 곳: 로스트 파라다이스

종로2가와 3가 사이에는 우리나라 최초의 도심 내 공원이자 일제 강점기인 1919년 3월 1일 민족대표 33인의 이름으로 독립선언문을 낭독한 '파고다 공원'이 있다. 정식 명칭은 '서울 탑골 공원'이다. 지금은 노인들의 놀이터이자 집합소가 되었는데, '파고다 공원'이 끝나는 곳에는 노인들의 주머니 사정을 감안한 저렴한 가격대의 해장국과 순댓국 같은 국밥집이 즐비하고 거기에 좁은 골목을 끼고 들어가면 '낙원상가'가 있다. '낙원상가'의 이름은 처음부터 '낙원' 즉 '파라다이스'를 염두에 두고 지어진 것이 아니다. '낙원상가'가 세워진 동네의 이름이 '낙원동'인 데서 비롯되었다.

조선 시대 피맛길 인근인 데다 사람들이 많이 오가는 곳이었기에 먹거리와 주막들이 그 시절에도 많았다. 그 시절의 기운이 현대에도 반영된 것일까. '낙원상가'는 지하 1층~ 지상 5층의 공간에 무려 300여 개의 악기 전문점, 관련 사무실, 합주 연습실 그리고 야외 공연장까지 함께하는 세계 최대 규모의 악기 상점이 되었다. '낙원상가'는 1967년에 상가 위로 아파트가 함께 있는 당시로써는 가장 첨단의 건축방식인 주상복합

건물의 형태로 지어졌다. 타워팰리스보다 몇십 년을 앞서 지어진 건축물인 셈이다.

 1970, 1980년대의 핫플이었던 '낙원상가'는 2013년에 역사 문화적 보존 가치를 인정받아 '서울시 미래 유산'으로 지정되기도 했다. 1990년대 이후 IMF와 가라오케, 노래방의 등장으로 수요가 줄어 전성기를 지나며 더는 이름처럼 낙원을 구가하지 못하게 되었다. 악기를 구하기 위한 목적이 아니라면 전혀 갈 이유가 없는 낡고 오래된 관심 밖의 공간이 되었다. '낙원'이라는 이름을 사용하면서 기존의 '낙원'과 전혀 다른 모습으로 등장한 곳이 있다. 이름하여 '실낙원失樂園'이다. 영어로는 '로스트 파라다이스Lost Paradise'로, 이렇게 기발한 브랜드를 가진 업장은 바로 '크라프트 비어' 양조장이자 '재즈라이브 클럽'이다.

'실낙원(로스트 파라다이스)'은 '낙원상가'를 아는 세대와 전혀 모르는 세대 모두를 아우르는 브랜드다. '낙원상가'에 있으니 자연스럽게 '낙원'과 '파라다이스'를 매치할 수 있는데, 이름 그대로 사용하지 않고 살짝 비틀어서 하나를 더한 것이다. 또 누군가는 영국 시인 존 밀턴의 장편 서사시인 「실낙원」을 떠올렸을 수도 있다.

다른 누군가는 개봉 당시 일본에서 엄청난 반향을 일으켰던 불륜 소재의 동명 소설이자 영화를 생각했을 수도 있다. 그만큼 좋은 브랜드는 그 브랜드와 관련해 연상되는 단어나 이미지가 다양하다. 만약 '맥도날드'와 '스타벅스' 그리고 '애플' 등에 관해 물어본다면, 누구라도 금방 서너 개 또는 그 이상의 연상단어와 이미지를 떠올릴 수 있다.

세계적인 브랜드 전문가이자 석학인 미국의 데이비드 아커David. A. Aaker는 1991년에 브랜드 자산Brand Equity에 관해 브랜드와 연관된 브랜드 인지도, 고객 충성도, 고객 신뢰도, 심볼, 제품 또는 서비스의 가치로 구성된다고 했다. 이러한 기준으로 앞서 언급한 '맥도날드'와 '스타벅스' 그리고 '애플' 등에 관해서 생각해 보면 명료한 답이 나올 것이다.

뉴욕의 베이글이 왜 런던으로 갔을까?: 런던베이글뮤지엄

국내 1위 실시간 레스토랑 예약 앱인 '캐치테이블'은 직접 줄을 서지 않아도 대기할 수 있는 서비스를 도입해 가맹점 수를 늘렸다. 2023년 8월 기준으로 전국 웨이팅 맛집 1~5위 중 4곳이 '런던베이글뮤지엄'이라는 베이커리다. 국내 매장 4곳 모두 우리나라에서 가장 줄을 많이 서는 곳인데 모든 매장의 하루 평균 웨이팅이 적게는 1,494명에서 많게는 3,355명에 이른다고 하니 혀를 내두르게 한다.

도대체 베이글이 무엇이길래 이러는 걸까? 베이글은 1610년경 폴란드의 유대인 제빵사가 처음 만들었다고 알려진 빵이다. 베이글은 유대인의 주식이지만 이스라엘 음식은 아니고, 동유럽 유대인과 슬라브인들이 즐겨 먹는 빵이다. 다른 빵과 달리 밀가루와 이스트로 반죽한 빵을 물에 데치는 과정이 들어간다는 점이 특이하다. 그래서 모양은 도넛과 비슷하지만, 도넛이 기름에 튀기는 데 반해 '베이글'은 우리의 떡처럼 쫄깃한 식감과 자극적이지 않고 담백한 맛이 여느 빵과 다르다. 19세기 말 동유럽의 유대인이 대거 북미 대륙으로 이주하고 정착하기 시작했다. 이때 특히 미국 뉴욕과 캐나다 몬트리올에서 아침 식사 대용으로 인기를 얻고 미국 전역과 전 세계에 널리 알려졌다. 그러다 보니 뉴욕과 몬트리올이 베이글의 정통성이 있다고 알려진다.

그런데 왜 우리나라에서 수년 전부터 갑자기 베이글이 인기를 얻게 되었을까? '런던베이글뮤지엄'의 관심과 인기가 영향을 미친 것으로 보인다. '런던베이글뮤지엄'이 베이글을 처음으로 소개하거나 만든 것도 아니고, 사실 베이글은 프랜차이즈 베이커리에서도 흔하게 만들어 파는 수많은 빵 종류의 하나였다. 그런데 '런던베이글뮤지엄'이 혜성처럼 나타났다. 사실 뉴욕이니 몬트리올이니 어디가 베이글의 원조인지는 중요하지 않았다. 베이글 하면 런던으로 고객들의 마음속에 새롭게 포지셔닝된 것이다. '런던'과 '베이글'과 '뮤지엄'이 한 단어로 인식되어 고객들은 베이글 하면 런던이라는 등식이 성립되었고, 더는 어디가 오리지널인지 중요하지 않게 되었다.

런던과 베이글을 하나로 엮는 것 말고도 또 하나의 중요한 요소가 있다. 뮤지엄과의 연결이다. '런던베이글뮤지엄'은 매장 안팎에서 온통 영국의 분위기를 물씬 풍기는 인테리어와 디자인과 소품을 적극적으로 활용하면서 일약 소셜 미디어의 핫플이 되었고 빵지 순례의 성지가 되었다. 심지어 엘리자베스 여왕과 찰스 황태자 초상화까지 디스플레이로 활용한다. 이런 것이 방송과 유튜브와 인스타그램을 통해 확대 재생산되면서 여기를 안 가보면 시대에 뒤처지는 사람이 되어 버렸다. 몇 시간이고 기다린 사람은 인증 숏을 업로드하며 '런던베이글뮤지엄' 신화 만들기에 동참한다. 오래 기다린 사람들은 기다린 시간이 아까워서라도 대량으로 구입하게 되는데, 이 점이 베이글의 인기를 견인했다. 식사 빵이다 보니 냉장고나 냉동고에 두고 언제든지 꺼내 먹을 수 있는 보관성과 편의성이 있기에, '런던베이글뮤지엄'을 방문한 사람들은 두고두고 먹을 수 있게 더 많은 양을 구입해서 포장한다. 이제 '베이글'은 일시적 유행이 아닌 우리나라식 식문화로 정착하고 발전할 가능성이 높아졌다. 일본식 베이커리의 달달한 케이크나 스위츠들은 식후나 간식으로 소비되는 데 반해, 베이글은 제대로 된 한 끼 식사를 대용하기도 하고 우리나라 식재료가 가미된 수많은 크림치즈와 부재료가 들어간 샌드위치로 얼마든지 변용해 만들어 가기에 식빵과 같이 공존할 가능성이 크다. 이제 웬만한 동네에서 베이글을 취급하지 않는 곳은 없을 정도이고, 프랜차이즈 업체도 늘어나서 우리나라는 그야말로 유대인이 없는 베이글의 나라가 되었다. 잘 지은 브랜드인 '런던베이글뮤지엄' 때문이다.

엘리베이터도 없는 3층에 무슨 볼일이?: 3F/Lobby

장사할 때 '권리금'과 '목'은 매우 중요하다. '목'은 '길목'이라는 단어의 줄임말로 사전적 의미로는 '큰길에서 좁은 길로 들어가는 어귀, 길의 중요한 통로가 되는 어귀 또는 자리가 좋아 장사가 잘되는 곳이나 길 따위'를 말한다. 장사하는 가게는 어떤 종목이든 간에 그 목에 따라 권리금이 정해진다. '목'은 곧 유동인구요 내 손님이 될 가능성이다. 그리고 '목'은 자리다. 그것도 좋은 자리다. 콘서트나 뮤지컬을 보러 갈 때를 생각해 보라. 어떤 자리인지에 따라 무대와 사운드에서 큰 차이가 난다. 자리에 따라 가격이 크게 차이가 나는 것은 장사하는 입장에서도 마찬가지다. 주인 입장에선 권리금을 많이 주고 좋은 자리로 들어갈 것인지, 아니면 사람들 왕래가 적지만 권리금이 싼 곳으로 갈지 고민할 수밖에 없다. 심지어 권리금은 법적으로 보호받는 장치가 아니어서 들어갈 때 지불한 권리금을 나올 때는 날릴 수도 있는 리스크가 아주 큰 모험이고 부담이다. 권리금을 크게 내고 들어간다는 것 자체가 처음부터 기울어진 운동장에서 시작하는 셈이다.

이러한 리스크에도 불구하고 처음부터 불리한 위치에서 비즈니스를 하겠다고 호기롭게 나선 곳이 있다. 바로 '3층 로비'(영어로는 '3F/Lobby')라는 이름의 카페. 이 카페는 건축가의 탕비실이라는 별칭도 있는데, 건축사무소 '디자인버그'의 사무실로 함께 운영되기 때문이다. 디자인버그는 단독주택과 주상복합 그리고 리조트 분야 설계를 해 온 3명의 건축가가 모인 회사인데, 그들의 첫 번째 공동 프로젝트가 바로 '3F Lobby'다. 어느 잡지에 실린 인터뷰를 보니 카페보다는 점잖고 사무실보다는 느슨한 분위기를 고민하다 업무도 보고 커피도 마시는 호텔 로비를 떠올리며 카페를 만들게 되었다고 한다. 실제 용산역 인근의 수많은 핫하고 힙한 카페가 즐비한 곳에 잘 보이지도 않고 엘리베이터도 없는 3층에 카페를 차릴 생각을 하다니 건축가라고 하더라도 무모한 일이다.

그런데 3층이라는 공간을 호텔 로비를 연상하게 하는 브랜딩과 실체를 만들고 일치시키는 순간, 그곳은 더는 불편하고 낯선 공간이 아닌 호텔 로비처럼 흥미롭고 다정한 공간으로 탈바꿈한다. 그리 큰 공간이 아니고 한쪽은 실제 사무실 공간임에도 모던하고 편안한 부티크 호텔 로비를 연상케 하는 공간이 펼쳐진다.

왠지 이 카페에서 일하면 더 일도 잘될 것 같고, 책을 읽어도 더 잘 읽힐 것 같은 기분이랄까. 거기에 직접 핸드드립으로 내린 커피와 디저트를 함께하면 정말이지 호텔 로비에 있는 것 같다. 맛 칼럼니스트 황교익은 요리에 대해 "식재료가 가진 장점을 극대화하고 단점을 극소화하는 행위"라고 이야기하는

데, 공간 마케팅도 요리와 다르지 않다. 용산역 재개발구역의 건물 3층에 자리한 '3층 로비'도 접근의 불리함을 최소화하기 위해 건축가로서 많은 고민 끝에 새롭고 흥미로운 공간으로 만들었다. '런던베이글뮤지엄'이 공간의 밀도를 가득 채운 인테리어라면, 이곳은 반대로 공간의 밀도를 낮추었다. 테이블 사이도 널찍하고 좌석도 많지 않고 가구의 높이도 낮게 배치했다. 그리고 '건축가의 탕비실'이라는 부제처럼 건축가가 실제 일하는 공간과 작업물에 대한 궁금증과 무대의 백스테이지를 엿보는 듯한 호기심을 끌어냈다.

법원 앞에 '법원', 삼선교에는 '삼선'

게슈탈트gestalt 이론에 따르면 인간은 각 부분 사이의 상호관계와 맥락 안에서 전체를 지각한다고 한다. 헌법재판소 인근에 있는 버번위스키 바의 이름을 '법원'으로 하거나, 삼선교의 중국집 이름을 '삼선'으로 지은 것은 다분히 업장이 있는 위치를 절묘하게 활용한 좋은 사례다. 게슈탈트 이론의 근접성(가까운 것끼리 묶어 지각하는 것)과 유사성(비슷한 것끼리 묶어서 지각하는 것)이 작용해서 시너지 효과가 극대화된 것이다. '법원'

이라는 이름의 바에서 '버번위스키'를 팔지 않는다면, 그리고 '삼선'이라는 중국집에서 '삼선짜장면'을 팔지 않는다면 그 이름은 의미가 없을 것이다.

'버번'은 '버번위스키'의 약자로 미국 켄터키주에서 옥수수를 증류한 위스키를 말한다. 그 어원도 여러 설이 있지만, 미국 남북전쟁 때 프랑스 부르봉Bourbon 왕가가 도와준 것을 기념해서 켄터키주의 한 카운티 이름을 '버번'으로 지은 데서 유래했다는 설이 가장 유력하다. 프랑스의 부르봉Bourbon 왕조의 '부르봉'을 영어식으로 발음하면 '버번'이다. 또 다른 설에 따르면 재즈로 유명한 미국의 도시 뉴올리언스의 '버번 스트리트'에서 유래했다고 한다.

어느 설이 정설인지를 떠나 이 모두 '버번'이라는 이름과 관계가 깊다. 프랑스의 '부르봉'이 미국에서 '버번'으로 그리고 우리나라의 위스키 바인 '법원'으로 변주되었다. 버번위스키를 모르더라도 '법원'이라는 바Bar의 이름은 한번 들으면 잊히지 않는 기억하기 좋은 재미있는 이름이다.

'법원'처럼 또 다른 이름이 '삼선'이다. 지금은 한성대입구역으로 알려졌지만, 성북천이 흐르는 그 일대를 '삼선교' 또는 '삼선교길'이라 부른다. 중국집 하면 누구나 떠올리는 전형적인 모습이 있기 마련이다. 이를테면 빨간색이나 황금색의 치장, 한자로 크게 써놓은 간판, '福'이라는 한자를 뒤집어 놓아 화상 출신이나 중국적인 느낌이 강조되거나 연상되는 요소가 있기 마련이다. 그런데 '삼선'이라는 이름의 중국집은 그러한 전형성을 완전히 탈피했다. 바깥에서 보면 전혀 중국집 같지 않고 오로지 3개의 선 즉 '삼선'만 보인다. 그리고 메뉴도 오로지 짜장면과 짬뽕 딱 2개만 있는데, 그 메뉴 또한 '삼선짜장면'과 '삼선짬뽕'이다. 아주 집요하게 '삼선'에 집중했다.

매장도 아주 작은데 '삼선' 하면 떠올릴 수 있는 요소로 '이소룡'과 '쌍절곤'을 내세웠다. 고객의 입맛을 제대로 타격하겠다는 듯하다. 최근엔 멀리서도 확실하게 중식을 하는 곳임을 각인시키기 위해 매장 바깥에 배달용 철가방을 놓아두었다. 2개의 삼선 메뉴도 이례적인데 실제로 먹어보면 깜짝 놀랄 정도로 다른 곳에서 볼 수 없는 아끼지 않는 재료 때문이다. '삼선짜장면' 1인분에 무려 돼지고기가 180g이나 들어간다. 웬만한 돼지고깃집 1인분의 양이다. 거기에 튀긴 새우가 3마리가 올라간다. 그리고 삼선짬뽕에는 새우와 꽃게 외에 오징어 한 마리가 통으로 들어 있다.

2개의 메뉴만으로도 손님의 입맛을 사로잡겠다는 자신감이

충만하다. 미식가뿐 아니라 일반인들에게도 유명한 미식 가이드북인 '미쉐린 가이드'는 은밀하고 까다로운 기준으로 평점을 매기는 것으로 정평이 나 있다. 평점은 별점을 부여하는 방식인데 1스타는 요리가 훌륭한 곳, 2스타는 요리가 훌륭해 찾아갈 만한 가치가 있는 곳, 그리고 최고 등급인 3스타는 요리가 훌륭해 특별히 여행을 떠날 가치가 있는 곳이다. 여기에 스타 지위는 아니지만, 가성비가 뛰어난 음식점을 별도로 '빕 구르망Bib Gourmand'으로 선정한다. '빕 구르망'은 합리적 가격으로 훌륭한 음식을 선보이는 곳이기에 '미쉐린 가이드' 스타 레스토랑이 부담스러운 사람에게는 최선의 선택이 될 수 있다. '삼선'이야말로 서울에서도 핫한 곳이 아님에도 '삼선'이라는 이름의 메뉴를 즐기기 위해 일부러 '삼선교'를 찾아갈 만하다.

거꾸로 써도 새롭다: 제주도와 도주제, 한라산과 산라한

코로나가 한창인 시기인 2022년 초여름에 방영되어 장안의 화제가 된 드라마 〈이상한 변호사 우영우〉에서 자폐스펙트럼을 가진 천재 변호사 우영우는 항상 자신을 소개하는 자리에서 이렇게 말한다. "제 이름은 똑바로 읽어도, 거꾸로 읽어도 우영우입니다. 기러기, 토마토, 스위스, 인도인, 별똥별, 우영우!" 우영우는 자기의 상황을 상대방이 실수하지 않기 위해 자기의 이름을 알리기 위해 반복해서 각인시키는데, 드라마가 진행되면서 시청자는 우영우가 말하는 그 문장을 외우게 될 정도로 중독성이 강했다. 이 드라마는 OTT 플랫폼인 넷플릭스에 소개되어 전 세계적으로도 화제가 되어 넷플릭스 전체 텔레비전 쇼 부문 상위에 오르기도 했다.

그런데 여기에서 궁금한 점이 하나 생겼다. 우영우의 시그니처 멘트인 "제 이름은 똑바로 읽어도, 거꾸로 읽어도 우영우입니다. 기러기 토마토 스위스 인도인 별똥별 우영우!" 이처럼 맛깔난 우리말 표현을 다른 나라에서는 어떻게 처리했을까? 우영우처럼 그냥 읽어도 그리고 거꾸로 읽어도 같은 단어를 '회문回文'이라고 하는데, 영어로는 '팰린드롬palindrome'이라고 한다. 우리 말에만 말맛이 있는 것이 아니고 영어에도 그런 단어가 많다는 이야기다. 예를 들자면 'eye, eve, level, pop, noon, wow, dad' 등이다. 우영우가 언급한 단어가 아니더라도 '바밤바' '산방산' '일요일' 등 얼마든지 많다.

좀 다른 사례를 보자. '도주제'와 '산라한'은 앞뒤가 똑같은 단어인 회문은 아니다. 그렇지만 제주도에서 개업한 식당인 '도주제'는 '제주도'를 그리고 '산라한'이라는 식당은 '한라산'을 뒤집어서 브랜드를 만들었다. 궁금증을 유발하면서 위트와 재치까지 엿보이는 이름이다. 뒤집으니 평범하지 않고 오히려 뻔하지 않아서 좋다.

일본의 '브리지스톤Bridgestone'은 '미쉐린'과 더불어 글로벌 1, 2위를 다투는 세계적인 타이어 브랜드이자 골프용품을 만드는 회사다. '브리지스톤'이라는 이름이 재미있다. 창업자의 이름이 이시바시 쇼지로인데, '이시바시石橋'의 의미를 영어로 변환한 것이다. '스톤브리지'라고 해야 맞겠지만 영어의 어감 때문인지 아니면 새로운 조합의 단어로 선보이기 위해서인지는 확실하지 않지만, 거기에서 한 번 더 뒤집어 '브리지스톤'으로 바꾸었다. 이렇듯 이름은 배열에 따라 전혀 다른 의미로 비춰진다. 그런 점에서 '도주제'와 '산라한'은 처음에는 생소하게 다가오지만, 의미를 알면 친근하게 다가온다.

찰칵본능, 스티커사진에 인생을 담다: 인생네컷

이른바 '스티커 사진관'이라는 즉석 사진관은 1995년 일본에서 개발해서 출시한, 30년 가까운 구시대의 유물이 되었다. 2000년대에 스티커 사진이라는 이름으로 10대 여학생들이 떡볶이와 간식을 즐기고 함께 찍으며 노는 문화와 뒤섞였다. 그때는 여학생들이 다이어리를 쓰고 꾸미는 것이 하나의 놀이이자 문화였기에 스티커 사진이 그 다이어리를 꾸미는 데 큰 역할을 했다. 이후 스마트폰의 확산과 SNS의 영향으로 더는 다이어리와 스티커 사진이 필요하지 않아 기억에서 멀어졌다. 그러다가 '인생네컷'이라는 이름으로 스티커 사진이 소리소문없이 부활한 것이다. 즉석 사진이라는 본질은 그대로지만, 그것을 담는 그릇을 완전히 달리해 이전과는 전혀 다른 매력으로 소비자들의 마음을 사로잡았다.

사진의 화질을 높여 고객의 높아진 안목을 만족해 주었고, 사진을 찍는 공간도 완전히 바꾸었다. 이전 학교 앞 오락실 안의 무인 셀프 사진기나 지하철역에 있는 증명사진을 찍는 즉석 사진기는 사람만 들어가는, 오로지 사진만을 위한 공간이었다. 하지만 '인생네컷'은 더 넓은 공간을 확보해서 사진을 찍기 위한 사전 준비공간을 확보했다. 그 공간에서 핵심 타깃인 10대 여학생과 MZ세대를 위한 다양하고 재미있는 아이템을 배치하고 고객 스스로 사진 찍는 과정의 즐거움을 제공한 것이 성공 요인이다.

오래도록 사랑을 받는 데는 그것이 사람이든 물건이든 가게이든 다 이유가 있기 마련이다. 책과 영화도 제목과 디자인을 바꿔 다시 만들어 이전보다 더 많이 팔리는 경우가 있다. 찻잔 속의 차는 그대로인데 찻잔을 바꾸거나 차를 마시는 사람의 관점을 달리 해석해 가치 있게 만드는 것, 그것이 마케팅이자 브랜딩이다.

『관점을 디자인하라』의 저자이자 '카카오'와 '우아한 형제들' 같은 국내 유수 회사의 홍보와 마케팅을 담당했던 박용후는 우리나라에서 4,800만 명이 이용하고(사실상 전 국민) 해외에서도 많이 사용하는 모바일 메신저 '카카오톡'을 이러한 방법으로 성공시켰다. 카카오톡은 당시 이용자들이 문자 서비스를 불편해하고 일정량의 문자는 유료로 지급해야 하는 점을 포착해 고객의 관점으로 인식을 전환해서 만들었다. 카카오톡은 무료로 얼마든지 이용 가능한 서비스로 소비자들에게 인식되어 시장을 지배하게 된다. '인생네컷'도 단지 스티커 사진을 찍어 친구와 보관하는 영역에서 모바일 중심의 시대를 맞아 함께한다는 인증 숏 개념이 적용되었다. 어쩌면 지금 찍는 이 사진이 내 인생에서 가장 중요한 순간일 수 있다는 생각을 갖게 한다. 예전의 스티커 사진과 찍는 '행위'는 같을지 모르지만, 과정과 결과에서는 완전히 다르게 접근했다. 피카소가 "나는 찾지 않는다. 다만 발견할 뿐이다"라고 했듯이, 하늘 아래 완전히 새로운 것은 없다. 만유인력의 법칙을 발견한 아이작 뉴턴은 그의 성과를 칭찬하는 학회의 자리에서 내가 다른 사람들보다 더 멀리 보았다면, 그것은 거인들의 어깨에 올라섰기 때문이라고 했다. 이처럼 겸손한 언사는 어떠한 성공도 뛰어난 개인 혼자만이 아니라, 이미 앞서서 노력하고 성과를 이루었던 사람들이 있었기에 그것이 디딤돌이 되어 가능했다는 점을 잘 설명해 주는 대목이다. '인생네컷'은 셀카를 찍는 인간의 본능과 모바일 시대의 인스타그램이라는 플랫폼과 만나 인증과 공유라는 형태와 결합해서 거리를 메워 가고 있다.

존앤마크가 누구야?: 동묘시장 막걸리 전문점

서울의 지하철 1호선과 6호선 2개의 노선이 지나는 동대문 인근에 '동묘東廟'가 있다. 동묘의 '묘廟'는 사당을 뜻한다. 지하철 역이름으로 동묘를 아는 사람은 많아도 동묘가 정확하게 누구를 위해 지어진 사당인지 아는 사람은 생각보다 많지 않다. 동묘의 정식 이름은 '동관왕묘東關王廟'다. 중국의 『삼국지』에서 유독 우리나라에서 인기가 높은 관우를 모시고 제사를 지내는 '동관왕묘'를 줄여 '동묘'라고 부른다. 왜 서울 한복판에 관우에게 제사를 지내는 사당이 있는 것일까? 그 이유는 임진왜란으로 거슬러 올라간다. 조선 땅에서 왜를 물리친 것을 관우 장군의 덕으로 여겨 명나라 왕이 직접 액자를 써서 보내면서 지어졌고, 1963년에 보물 제142호로 지정되었다.

그런 사적인 동묘는 현재 종로의 탑골공원과 쌍벽을 이루는 어르신들의 놀이터이자 해방구이면서, 20, 30대 젊은 층에는 레트로와 복고를 향유하는 공간으로 탈바꿈했다. 특히 구제 패션 마니아들에게는 아주 저렴하게 다양한 옷을 구입할 수 있는 매력적인 시장이자 런웨이runway다. 조선과 명나라, 관우와 왜적의 역사를 엿볼 수 있는 동묘 인근에 최근 '존'과 '마크'라는 이름이 등장했다. '존앤마크John & Mark'로 사람 이름은 아니다. 한국 사람이 즐겨 먹고 마시는 전과 막걸리를 살짝 비틀어 발음해서 네이밍한 것이다. 실제 전과 막걸리를 파는 전문점으로 그 독특함 때문에 젊은이들이 줄을 선다. 이곳은 단숨에 SNS를 통해 핫하고 힙한 곳이 되었다. 그들이 가장 잘한 일은 이름에 걸맞게 트렌드를 담았다는 것이다. 기존의 전집과 막걸리 전문점을 돌아 보면 잘 알 수 있다.

'존앤마크'는 기존의 같은 음식과 술을 파는 곳과 완전히 차별화되어 자기만의 아이덴티티를 만들었다. 막걸리 집이지만 분위기는 마치 맥주나 칵테일 등을 마시는 펍과 같아 흘러나오는 음악도 가요나 국악도 아니고 귀에 익숙한 팝과 재즈풍의 곡들로 채워지고 안주도 소보로 부추전, 감자전이 아니라 감자슬라이스전 그리고 식사 겸 안주를 겸할 수 있는 메뉴 중 고사리 링귀니와 들기름 카펠리니 파스타 그리고 베이컨 양배추 계란 패티전 등 같은 경우가 그렇다. 이러니 상호도 특별하고 분위기와 음악도 힙한데다 음식이 특별하고 맛있으니 절로 인증사진을 찍을 수밖에 없다. 단지 이름 하나가 아니라 이름에 걸맞게 모든 것을 바꾼 결과다. 손님층도 연령대가 높은 남성이 아니고 젊은 여성의 비율이 훨씬 많다. 취급하는 음식과 막걸리도 기존 전집과 확연히 차별화되어 핫플레이스로 자리잡아 가고 있다. 어느 노래 가사처럼 점 하나 찍었다고 사람이 달라질 수는 없다.

조지 루카스 감독이 만든 영화 〈스타워즈〉는 막강한 영향력을 발휘했던 공전의 히트작이다. 우주를 배경으로 선과 악의 대립을 주제로 신화적 요소와 영웅 서사가 있다. 무엇보다 우리나라 드라마에서 히든카드로 사용되는 '출생의 비밀'도 담겨 있어 시대와 나라를 초월해 사랑받는 스토리다. 〈스타워즈〉에는 수많은 캐릭터가 있는데, 가장 많이 등장하면서도 존재감 없이 그려지며 묵묵하게 배경처럼 영화를 지켜 주는 조연이 바로 스톰트루퍼다.

스톰트루퍼는 정예 보병으로, 흰색 갑옷에 두개골 모양의 커다란 헬멧을 쓰고 검은색과 흰색 복장을 하고 있다. 〈스타워즈〉를 보지 않았다고 해도 이 캐릭터를 모르는 사람은 거의 없을 정도로 유명한 캐릭터다. 이 캐릭터의 의외로 귀여운 모습의 굿즈가 인기가 많다. 그런 스톰트루퍼가 우리나라 시골의 논에 불시착했다. 그런 설정된 세계관으로 밀양의 막걸리 '스톰탁주'가 만들어졌다.

통상적으로 막걸리는 지역명이나 특산물 명을 붙여서 이름을 짓는다. '가평잣막걸리' '강화인삼막걸리' '공주알밤막걸리'처럼 말이다. 그런데 밀양의 클래식 술도가에서 만든 막걸리 '스톰탁주'는 우리나라에서도 사례를 찾아보기 힘든 독특한 세계관을 입혀 '스톰트루퍼'라는 이름의 막걸리를 만들었다. 막걸리 이름에 〈스타워즈〉의 캐릭터를 붙이다니? 신기하기도 하지만 이게 어떻게 가능한 일일까? 더군다나 요즘처럼 지적 재산권이 중요한 시기에 어떻게 저런 이름을 붙였을까? 스톰트루퍼가 밀양에 불시착하며 막걸리를 빚는 인생의 제2막을 펼친다는 스토리를 가진 '스톰막걸리'의 탄생은 정식으로 스톰트루퍼를 사용할 수 있는 라이선스 덕택이다. 〈스타워즈〉의 판권은 월트 디즈니사에 있다. 이 스타워즈 시리즈를 만든 루카스 필름은 디즈니의 자회사다. 이 디즈니사는 자사가 보유한 지적 재산권에 대해 매우 엄격하기로 유명하다. 우스갯소리로 무인도에 갇혀 있을 때 탈출하고 싶다면 위험신호SOS를 모래사장에 새기는 대신 미키 마우스를 그리라고 할 정도다.

엄격하게 지적 재산권을 관리하는 디즈니사로부터 어떻게 스톰탁주의 생산, 판매권을 확보할 수 있었을까? 그 배경에는 아주 길고 치열한 법적 소송의 결과에 있다.

스톰트루퍼를 처음 디자인한 원작자인 리즈 무어Liz Moore가 1976년에 교통사고로 사망하면서, 스톰트루퍼 제작사인 앤

드류 아인즈워스Andrew Ainsworth가 스톰트루퍼 헬멧 등을 직접 생산·판매하기 시작했다. 그 때문에 스타워즈 원작자인 루카스필름과 아인즈워스 간의 저작권 관련 법적 공방이 벌어졌다. 영국 법원은 아인즈워스의 손을 들어줬다. 이후 아인즈워스는 승소에 힘입어 '셰퍼튼 디자인 스튜디오Shepperton Design Studios'라는 회사를 차렸다. 그러니까 스타워즈의 판권은 디즈니에게 있으나, 스톰트루퍼 캐릭터 디자인 판권은 아인즈워스에 있었다. 따라서 '밀양클래식술도가'는 이 회사와 라이선스 계약으로 '스톰탁주'를 만들 수 있었다. 실제로 '스톰탁주'에는 스타워즈 제작사인 루카스필름이 아닌 아인즈워스의 셰퍼튼 디자인 스튜디오의 마크가 새겨져 있다. 참고로 '스톰탁주'를 만든 양조장 이름이 '밀양클래식술도가'인데, 이 지역에서 100년 가까이 막걸리를 빚어 왔던 양조장으로 실제 양조장에서 클래식 음악을 틀어 놓는다고 한다. 평범하지 않은 비범함이 아이즈워스의 눈에 들었고, '스톰탁주'를 불러들였을 것이다. '스톰탁주'는 패키지와 굿즈부터 남다르다. 처음 보는 순간부터 한눈에 알아차릴 수 있는 스톰트루퍼의 인상이 반영된 막걸리의 패키지, 전용잔이 구매 욕구를 불러일으킨다. 지금은 현대백화점을 비롯해 여러 곳에서 팝업스토어를 선보여 화제를 불러왔다. 게다가 막걸리뿐만 아니라 전통주에 대한 관심도 함께 끌어올리는 역할을 하고 있다.

녹으면 수포로 돌아가는 달콤한 인생: 녹기전에

"끝날 때까지 끝난 게 아니다It ain't over till it's over"는 세간에서 많이 사용되는 말이 있다. 이 말을 한 사람은 미국 메이저리그 뉴욕 양키스의 영구결번으로 유명한 요기 베라라는 야구 선수다. 이 명언 말고도 의외의 인물이 인터뷰에서 한 말로, 자주 인용되는 구절이 있다. "누구나 그럴듯한 계획이 있다. 처맞기 전까지는." 누구인지 눈치챘는가? 바로 프로권투 선수 마이크 타이슨이다. 아이스크림도 그렇다. 누구나 맛있는 아이스크림을 먹을 자격이 있지만 녹으면 아무 소용이 없다. 마포구 염리동에 위치한 조그마한 아이스크림 가게인 '녹기전에'(영어로는 'Before it melts')는 누구나 듣자마자 그 특별함에 감탄한다. 많은 사람이 아이스크림이 녹아서 낭패를 본 기억이 있다. '녹기전에'라는 이름은 아이스크림은 녹기 전에 먹어야 한다는 직관이 쉽게 연상되는 절묘한 이름이다. '녹기전에'라는 아이스크림 가게는 단지 아이스크림을 많이 파는 데 목적을 두지 않는다. 대기업에서나 볼 수 있는 미션과 비전 그리고 핵심가치와 핵심역량을 표현한 기업의 헌법이라고도 불리는 CCMVCore Value, Core Competency, Mission, Vision를 이 조그만 가게에도 적용했다. 단지 작은 가게를 넘어 하나의 비즈니스 모델로 만들어 가고 있다.

카이스트를 졸업하고 대기업 생활을 하다 아이스크림이 좋아서 창업했다는 '녹기전에'의 박정수 대표의 스토리는 특이하다. 하지만 그 자체가 사람들의 마음을 움직이지 않는다. '녹기전에'는 마치 아이돌 그룹이 팬들과 소통하듯이 손님과 소소한 부분까지 허심탄회하게 소통하고 공유한다. 실제로 '녹기전에'는 순전히 손님들의 힘으로 나무위키를 만들어서 꾸준하게 업데이트되고 있다. 찾아보면 알겠지만 믿어지지 않을 정도로 높은 수준의 정보가 많이 쌓여 있다. '녹기전에'의 개요와 역사, 메뉴뿐만 아니라 컬래버한 제품이나 프로모션 정보, 고객 참여 메뉴와 다양한 행사와 이벤트까지도 아주 상세하게 작성해 놓고 있다. 카이스트 출신답게 IT업계나 스타트업 기업에서 주로 사용하는 노션이라는 프로그램을 이용해서 아주 세세한 날씨 정보와 그날그날의 메뉴와 행사 등을 공지하는데, 그것을 보는 재미도 쏠쏠하다. 놀라운 것은 '녹기전에'가 온라인 노선과 인스타그램을 통해서 실제로 나무 심기 행사를 꾸준하게 해왔다는 사실이다. 단지 생각만이 아닌 실제 오프라인에서 만나 함께 행동하는 것이다. 이들의 고객은 '녹기전에'의 이런 마음과 지향점을 잘 알기에 단지 손님이 아닌 동지가 되고 있다. 새롭게 브랜딩하거나 리브랜딩이나 리포지셔닝할 계획이 있는 업장이 있다면, '녹기전에'를 벤치마킹해볼 것을 권하고 싶다. 돈으로도 살 수 없고 구할 수 없는 가치가 있다. 누군가의 헌신적 사랑, 아낌없는 나눔, 잘못된 것을 바로잡는 의미 있는 행동 등이 세상을 보다 가치 있게 바꾸고 지속 가능하게 만든다. 그런 노력에서 가장 중요한 것은 진정성이다. 지구가 녹아내리기 전에 우리부터 숲을 가꾸기 위해 모두 팔을 걷어붙이자고 전하고 싶다.

돌풍을 일으키는 프리미엄 약과: 골든피스

'녹기전에'의 아이스크림처럼 우리 전통 과자인 약과를 재해석해서 선풍적 인기를 끄는 브랜드가 새로 나왔다. '골든피스' 약과다. 한국 전통 과자인데 왜 하필 '골든피스'라고 했을까? 왜 21세기에 제사와 차례상에 올라가도 전혀 손길이 가지 않을 그 흔한 약과에 MZ세대들은 왜 열광하는 것일까? 그 해답은 역시 지금까지와 다른 방식의 콘셉트와 타깃 설정이 반영된 이름에 있다. '골든피스Golden Piece'라는 이름은 바로 '금쪽 같은 내 새끼'의 약어인 '금쪽이'에서 왔다. 금쪽이를 영어로 풀어낸 것이 바로 '골든피스'다. 그러나 단지 이름만 '금쪽이'라고 해서 인기와 유명해진 게 아니다. 철저하게 젊은 층에 어필하기 위해서 약과를 재해석해서 프리미엄 약과를 내놓았기 때문이다.

먼저 예전의 손바닥 전체에 올라갈 커다랗고 동그란 약과를 금괴나 프랑스 디저트 피낭시에처럼 네모 모양으로 작게 만들었다. 그리고 단품이 아닌 여러 개를 구입할 수 있는 포장으로만 판매한다. 패키지도 슈톨렌처럼 예쁘게 만들었고, 포장 상자도 틴케이스로 만들어서 누구나 먹어 보지 않아도 선물하고 싶은 마음이 들게 한다. 한남동에 있는 '골든피스' 매장도 기존 한식 약과를 파는 곳 같지 않게 고급스러운 매장 분위기를 연출함으로써 발걸음을 멈추게 한다. 그래서인지 일찌감치 인기 연예인이 브랜드 론칭 행사에 자주 등장하며, 사람들의 호기심을 자극해 팝업 행사에서 긴 줄을 서게 한다.

진로소주는 '참 진眞' 자에 '이슬 로露' 자를 쓴다. 소주의 본
질을 잘 담은 좋은 이름이다. 우리의 소주는 증류주다. 하지만
지금 누군가에게 소주를 물어본다면 흔하게 접하는 희석식 소
주를 대답할 것이다. 그 이유는 1965년에 쌀로 술을 빚는 것을
금지한 양곡관리법 때문이다. 기본적으로 우리 전통주인 막걸
리나 증류식 소주는 우리 땅에서 자란 쌀로 만들었다. 당장 쌀
로 만들지 못하게 했기에, 쌀을 대신하는 대체제가 필요했고
그래서 찾은 것이 열대지방에서 생산되는 값싼 재료인 '타피
오카'였다. '타피오카'는 '카사바Cassava'의 뿌리에서 추출한
녹말을 말하는데, 모양새가 당근처럼 길게 생긴 열대성 뿌리
식물로 녹말이 풍부하고 점성이 좋다. 대만에서 건너온 티 브
랜드 카페 '공차'의 버블티에 들어가 있는 동글동글한 모양으
로 말랑말랑하게 씹히는 것이 바로 타피오카로 만든 펄이다.
그 타피오카를 증류한 주정을 수입해서 물과 감미료 그리고
기타 첨가물을 섞어서 알코올 도수를 맞추어 대량으로 값싸
게 공급한 것이 지금의 희석식 소주다. 이제는 그 저렴한 희석
식 소주와 수입산 쌀과 쌀가루로 만든 저렴한 막걸리로 전 세

계에서 가장 값싸게 술을 소비할 수 있는 나라가 되었다. 소주 증류는 '소줏고리'라는 항아리 2개가 맞닿아서 눈사람 형태 모양에 주전자의 입처럼 생긴 주둥이가 달린 도구로 만들어졌다. 서양의 황동 소재의 증류기와 완전히 다른 소재와 형태의 소줏고리이지만 만드는 과정은 같다. 불을 지펴서 양조주를 가열해서 술이 끓으면 기체화되어 소줏고리 윗부분으로 올라가고 차가운 물이 담긴 윗부분에서 기체가 식으면 다시 액체가 되어 소줏고리 아래의 주둥이를 통해 내려간다. 이때 주둥이의 끝에 이슬처럼 물방울이 맺히며 떨어진다. 그것을 정확하게 포착해 만든 단어가 '진로'다.

'화요'도 잘 지은 이름 중 하나다. '화요'는 소주의 한자 '소燒'를 파자한 것이다. 이렇게 원래의 한자를 들여다보며 이리 생각해 보고 저리 생각해 보면 뜻하지 않게 멋진 이름이 재탄생하기도 한다. 파자는 한자 한 글자의 자획을 분리하는 것이다. 좌우를 파자할 수도 있고, 위아래를 파자할 수도 있다.

원래 소주의 '소燒'라는 한자에는 '火(불 화)'가 있고 '요堯'는 높고 존귀한 대상을 의미한다. 또 '요堯 자'에는 '흑 토土'까지 들어 있어서 소주를 만드는 요소가 모두 함축적으로 담긴 기가 막힌 조합의 이름이다. 특히 '화요'는 오랫동안 우리 도자기를 만들어 우리 식문화에 크게 기여한 '광주요'에서 만든 술이다. 개인적으로 잘 지었다고 생각하는 2개의 소주 이름을 소개했다.

이번엔 술을 파는 식당의 이름이다. 그곳은 서울 마포구의 망원시장에 있는 주점, '우이락'이다. '우이락'은 발음적으로도 운율감이 있을뿐더러 세 글자로 부르기도 좋고 기억하기도 좋다. 그런데 이 '우이락'의 한자와 뜻을 알면 더더욱 마음에 든다. '우이락雨耳樂'은 400종 이상의 우리 전통주를 취급하는 한식 주점으로 '빗소리에 즐겁다'는 뜻이다. 비가 오면 김치나 부추, 녹두로 전을 만들어 먹어야겠다고 생각하는데 그 점에서 우이락은 전 부치는 소리와 빗소리를 연상해서 네이밍한 것 같다. 비가 오면 전 부치는 소리도 더 짙게 나고 멀리 퍼져나가고 빗소리 자체도 자연음의 소리이기에 시청각적 요소를 네이밍에 느껴지게 만든 것 같다. '분수처럼 흩어지는 푸른 종소리' 같은 공감각적 표현이 깃든 이름이다. 망원시장에서 처음 장사를 한 '우이락'은 시장 전체에서 가장 웨이팅이 많은 가게로 유명하다. 이제는 가맹사업도 시작해 전국 방방곡곡에 30군데 넘게 빗소리에 즐겁게 한다는 '우이락'이 펴져 있다. 우이락의 성공 요인은 무엇일까? 시청각이라는 2개의 감각이 공존하는 공감각적 이름이 소비자의 기대 심리를 자극했기 때문이다.

커피계의 에르메스: TWG&Bacha

영어 표현으로 'Oldies but Goodies'라는 말이 있다. "오래되었지만 여전히 좋다"는 의미로 주로 팝 음악 중 명곡을 가리킬 때 쓰는 표현이다. 이것을 F&B 분야에 적용한다면 '오래된 집이지만 맛있는 집' 즉, '노포만사老鋪萬事'라고 해야 하는 게 맞을지도 모르겠다. '노포'라는 단어 자체가 일본에서 건너왔다. 적어도 100년 이상 된 오래된 상점이 많은 일본에 비해 우리나라에서는 일제 강점기와 한국전쟁을 거치는 바람에 50년 이상만 되어도 아주 오래된 축에 속한다. 오래된 가게에 대해 그들이 버텨온 시간만큼 긍정적으로 바라보는 시각이 있지만, 무조건 오래되었다고 올드 팝뮤직처럼 '올디스 벗 구디스'라는 표현을 적용할 수는 없다. 또 다른 영어 표현인 'Old&Wise'처럼 나이 들었다고 모두 현명해지는 것은 아닌 것처럼 말이다. 하지만 바쁘고 빠르게 변화하는 시대를 살아가는 요즘에는 오래된 것에 대한 존중과 인정이 상대적으로 높아지는 듯하다. 자영업자 비율이 전 세계에서 가장 높고 그 중에서도 식음료 분야의 비중이 높은 우리나라에서 1년 이상 버티기가 힘들기 때문에 오랜 시간을 견디는 것 자체도 대단한 일이다. 새로 문을 연 식당 같은데도 (시)부모와 (시)조부모 시절로 거슬러 올라가며 가업을 이어받은 레시피로 만들었음을 강조하는 곳을 심심찮게 만나게 된다.

싱가포르의 차 브랜드 TWG는 패키지를 자세히 살펴보면, TWG 위로 '1837'이라는 숫자가 보인다. 누가 봐도 이 숫자는 1837년부터 티를 만들었다는 뜻으로 받아들일 것이다. 하지만 TWG라는 티 브랜드는 1837년이 아니라 2008년에 설립되어 2023년 현재 15년밖에 되지 않은 브랜드다. 그렇다면 '1837'이라는 숫자는 무엇을 의미할까? 그 숫자는 차와 상관없이 싱가포르에 처음 상공회의소가 생긴 연도다. 싱가포르에 처음 차를 들여온 역사를 기념한다고 한다면, 전혀 엉뚱한 숫자는 아니지만, 충분히 오해를 살 만하다. 사실 세계적인 티 브랜드는 영국의 '트와이닝Twinings'이다. 얼그레이를 처음 만든 회사로 알려져 있고 설립 연도는 무려 1706년이다. 'TWG'와 '트와이닝'을 자세히 들여다보면, 오리지널과 미투me-too제품의 구분이 헷갈린다. 싱가포르에서 불과 15년 전에 새롭게 론칭한 차 브랜드인 TWG가 철저하게 트와이닝을 벤치마킹했기 때문이다. 심지어 컬러와 레터링마저 그렇다. 다른 것은 회사 이름인데 TWG는 싱가포르의 라이프 스타일 회사 'The Wellness Group'의 약자인데 TWG라는 스펠링이 공교롭게 트와이닝스가 연상되면서 TWG는 단숨에 세계 시장에 성공적으로 진입한다. 그리고 그러한 성공을 바탕으로 커피에도 똑같이 그 전략을 적용해 일약 커피 브랜드도 론칭한지 얼마 되지 않아 싱가포르에 가면 반드시 들러야 하는 핫플레이스가 되었고, 방문하면 무조건 구입해야 하는 핫 아이템이 되었다. 성공이라는 길을 만들어 본 경험이 있기에 차보다도 더 경쟁이 치열한 커피 시장에서도 TWG는 치밀하고 전방위적으로 전략을 펼치고 있다.

2019년에 싱가포르에 1호점이 오픈한 커피 브랜드인 '바샤커피Bacha Coffee'엔 1910년이라는 숫자를 넣는다. 2019년에 오픈한 커피하우스와 1910년과는 무슨 관계가 있을까? 1910년은 북아프리카 모로코의 중심도시이자 상업도시인 마라케시Marrakech에 실제 존재했던 커피하우스인 '다 엘 바샤 팰리스Dar el Bacha Palace'를 재현했기 때문이다. 당시 유럽과 아프리카와 중동을 잇는 무역의 중심이 모로코였다. 첨단 제품인 커피

였기에 정치, 문화, 예술계 명사들이 다 방문할 정도로 다 엘바샤 팰리스는 유명한 커피하우스였다. 프랭클린 루스벨트 대통령과 윈스턴 처칠은 물론 작곡가 모리스 라벨, 찰리 채플린도 방문했을 정도다. 그런 유명한 커피하우스가 2차 세계대전 때 폐쇄되면서 역사의 한 장면으로 사라졌다. 그것을 TWG가 간파하고 차 브랜드인 TWG보다 더 철저히 복원해 그 당시의 분위기와 인테리어는 물론 종업원의 복장까지도 현대적으로 재현했다고 한다.

단숨에 커피계의 에르메스라 불릴 만큼 성장한 '바샤커피'는 이제 싱가포르에 이어 파리와 모로코, 쿠웨이트, 카타르, 홍콩, 말레이시아 등 전 세계 7개의 매장을 오픈해 성업 중이며 누구든지 이곳에 가면 다량의 '바샤커피'를 구입하는 명소가 되었다. 보는 순간 사고 싶게 만들고 받는 사람 입장에서도 기분 좋은 선물일 수밖에 없을 정도로 패키지가 화려하고 럭셔리하다. 모든 브랜드가 그렇듯이 '바샤'라는 커피 브랜드도 패키지와 이름만으로 영광과 전설을 이어 가는 것이 아니다. '바샤커피'는 200종에 달하는 100% 아라비카 원두 라인업을 보유하리만큼 커피의 품질에도 최선을 다해 자기만의 아이덴티티를 만들어 갔다. 모든 생두는 직접 수입해서 싱가포르에서

로스팅 과정을 거쳐 상품화하기에 어떤 원두를 선택하든 향이
고급스럽고 신선하고 독특하다.

더 보탤 말은 없다. 이름짓기에 대한 실용적 도움을 얻어 가시길 진심으로 고대한다. 굳이 하나만 덧붙이자면 바로 앞에 소개된 글에 관한 것이다. 정보적 측면에서 유용성을 제공하겠다는 취지로 시작한 책인 만큼 지인 중에서 이 책을 도와 이름에 대한 색다른 관점을 제공할 만한 두 사람에게 원고를 부탁했고 말미에 실었다. 김태성에게 이름의 기원을, 최희용에게 콘텐츠 시대의 이름의 역할에 대해 보태 달라고 부탁한 것이다. 한 사람은 현재 중앙대학교 인재개발 센터장으로 일하는 김태성이다. 그는 CJ에서 홍보를 담당한 적이 있고 쇼박스에서 영화 마케팅을 담당한 이력이 있다. 그가 술자리에서 어떤 지역이나 물건의 유래에 대한 이야기는 태어난 고향 어귀로 향하는 물살을 따라 오르는 연어와 같아서 이름은 저 혼자 난데없이 태어난 것이 아님을 일러 주었다. 또 한 사람은 지난 20년간 와인과 음식과 영화에 대한 이야기를 사람들에게 부지런히 전달해 온 네이버의 파워블로거 머시블루 최희용이다. 그는 제일기획이나 코래드를 거치며 브랜딩에 대한 많은 경험을 했고 개인적으로 운영하는 블로그에서 2,000만 명에 가까운 길손에게 특별한 브랜드를 지금도 소개하며 그곳으로 인도하고 있다. 대중문화 콘텐츠로서 이름에 대한 그의 견해는 다양하고 풍부하고 재미있다. 그들은 그들이 소개한 이름의 주인공들을 비교적 머리가 아닌 몸으로 겪으며 다뤄 본 사람들이다. 그만큼 그들의 안목과 관점은 나와 달리 싱싱하고 생생했다. 독자분들의 이름짓기에 좋은 인사이트가 될 것이다. 마지막으로 탈고의 마지막 진통에 기꺼이 참여해서 오류를 잡아주고 수준 높은 견해를 아끼지 않은 '첫눈'의 서형석 대표에게 진심 어린 감사를 전한다.